リサ・M・シャープ
高橋祥友：訳

The Self-Esteem Workbook for Teens
by Lisa M. Schab

青少年のための
自尊心ワークブック

自信を高めて
自分の目標を達成する

金剛出版

THE SELF-ESTEEM
WORKBOOK FOR TEENS
by
Lisa M. Schab

Copyright ©2013 by Lisa M. Schab
Japanese translation rights arranged with
NEW HARBINGER PUBLICATIONS INC.
through Japan UNI Agency, Inc.

推 薦 文

　この本はティーンエイジャーに，彼らが生活している世界と心の内界
について教え，導くための，勇気あふれる，良書である。著者のシャー
ブは，本書の中で身体，精神，魂，対人関係といったティーンエイ
ジャーが向きあうすべての側面を取り上げている。ワークブックの体
裁を取って，一生にわたる健康な自尊心に関して，目的志向の練習が
進んでいく。ティーンエイジャーの子どもを持つ人と，自分もかつて
はティーンエイジャーだったすべての人に本書を薦める。

スーザン・シュワース, LCSW：

35年間にわたりティーンエイジャーや家族に関わってきた臨床家

　本書は，青少年の自己認識と幸福に影響を及ぼす内的要因と外的要因
のどちらに対しても優しく，自力で探し当てていく方法で，青少年に
積極的に関与していく。このワークブックは段階を踏みながら，論理
的な流れで情報を提供し，青少年に思慮深い自己分析を働きかけ，自
己の強さや長所について考えるように働きかけている。さらに，この
ワークブックは，青少年の幸福に悪影響を及ぼすような行動や思考を
変化させるようにも働きかけている。本書で取り上げられる状況は現
実によく遭遇するようなものであり，青少年にとっても理にかなった
ものであるだろう。

ウェンディ・メリーマン, PhD：

セントラル・ドーフィン学区カウンセラー。
個人，小グループ，教室の状況で，生徒の肯定的な個人，
社会，感情，学業の向上について活動してきた経験がある。

本書は，ティーンエイジャーが自尊心を育み，自己洞察を深めること
に向き合うために，共感に満ち，正直で，明快な方法を示している。
青少年が日々出会うが，しばしばひどく混乱したとらえ方をしている
社会の外部のすべてから，深い，個人的な内的混乱や家族の力動まで
も取り上げている。本書には多くの，独特の練習があり，青少年の思
考や行動に光を当て，最終的にはより適応的な対人関係や学業の向上
を目指す手助けとなる。

ニコラス・ブラウン, MAAT, LPC, CYI：
児童，思春期，家族回復・成長センター

リサ・シャーブが著した『青少年のための自尊心ワークブック』には，
現在の研究や発達理論で支持されている常識的な練習や指示が数多く
掲載されている。「これを知っておこう」の項は，シャーブの実際の知
識や豊富な臨床的技能を示している。彼女は心理療法家として，専門
家として幅広い経験があり，その知識は青少年やその家族の感情，心
理，行動に及ぶ。

ランドルフ・ルセンテ, PhD：
ロヨラ大学シカゴ校ソーシャルワーク学部思春期心理学教授

本書は，健康な自己概念や効果的な学習の基礎に向けて，段階的かつ
包括的で利用しやすいフォーマットを示している。リサ・シャーブは
自己洞察，自己認識，状況を改善するための行動の重要性について働
きかけるプログラムを開発した。本書では一貫して，元来の自分の要

求に従って行動することに注意を払うように働きかけているが，これは疑いもなく，生きていくために重要かつ必要なスキルである。このワークブックは，個人でも，そしてグループでも活用できるだろう。

ナンシー・ハンラハン, MA, NCC：
イリノイ州リバティヴィル，セントジョセフ学校カウンセラー

思春期は，自尊心が傷つき，しばしば混乱が生じる時期である。青少年は一般に自分に疑いを抱き，自尊心に不安を覚え，その結果，自己破壊行動に走ることもある。このワークブックは，青少年がアイデンティティを探るだけでなく，自信を増し，賢明で健康な決断を下すための，実用的で，創造的で，強力な方法を教えている。また，青少年が判断力を有したコンシューマーになり，自分の情熱を探り，ピアプレッシャーを排除し，自己や他者に共感的になる手助けもする。これはすべての青少年にとって必読の書である。

マルガリータ・タルタコフスキー, MS：
「psychcentral.com」副編集長

本書は，よりよい自尊心を育もうとする青少年の旅のすべての側面を取り上げている。

トレイシー・エングダール：
青少年矯正カウンセラー

保護者および青少年と関わる
専門家の皆様へ

　本書の目的は，危機にある青少年だけでなく，平均的な発達の過程にある青少年にも働きかけて，健康な自尊心の状態を発展し，促進する手助けとなることである。この健康な自尊心という状態は，自分自身を肯定的にとらえられることと理解できる。そのためには，自分の短所を理解し，受け入れ，自分の長所を高く評価し，他者と比較して自分の能力を現実的に確信することなどが含まれる。健康な自尊心を持っている青少年は，自分自身について知り，それを受け入れ，自身や他者に対して共感を抱き，統合されて自立した行動を取り，認知および行動面でも健康な対処法を用いて，人生の挑戦に立ち向かうことができる。外的な状況が変化しても，彼らは自身の無条件の価値を確信し，同時に，他者の価値についても確信し，尊重できる。

　青少年が真正かつ独特な自己を高く評価し，自信，誠実さ，心の平穏を保ちながら自分自身の道を見出し，それを育んでいくスキルを教える手助けとするために，本書の活動は計画されている。

　青少年に向かって自尊心について取り上げると，強迫的なまでの自己中心的な態度，過剰なまでの権利意識や優越感，肥大した自己像，現実世界での対処スキルの欠如などをもたらしかねないといった懸念があった。しかし，これらの問題は健康な自尊心の特徴ではなく，むしろそれが欠落した特徴であると，私は確信している。したがって，本書の目的は，世界に対してバランスが取れて，協力的で，安定した働きかけができる情緒的にも健康な人格の発展を手助けすることであり，このような

6

人々は，他者と手を取りあって働くことができ，人類の存在に対して肯定的な貢献ができるのだ。

　青少年期には，身体，感情，認知が激しく変動し，自己に対する疑惑の不毛な基礎となり得るのだが，自己価値を必死になって探ろうとしている青少年に対して，この問題を取り上げるまさに絶好の機会でもある。

　読者の皆様がその人生において青少年に相対してくださっていることに感謝申し上げる。

リサ・M・シャーブ, LCSW

はじめに

読者へ:

　自分自身を探る旅という，重要な旅の第1ページにようこそ。あなたは自分がどのような人であるかを知り，どうしてそのような人になったかを理解し，将来どのような人になりたいのかを探るための手助けとなる活動を本書の中に見出すことだろう。自己価値の概念が解説され，地球上の他の人々と同様にあなたにも価値があると信じられるようになるだろう。

　外的な要因があなたの思考，感情，行動にいかに影響するのかという点について理解するのに役立つ活動もある。また，他者や他の物によって影響される以前のあなたの核となる部分（真正の自己）について探っていく活動もあるだろう。

　外部からのプレッシャーに曝されたとしても，真正の自己に誠実である方法も学ぶことができるだろう。自ら考え，選択したことから肯定的な結果を生み出して，人生をうまく送っていくための多くの方法も学ぶことができるだろう。

　本書の基本的な前提とは「あなたはあなたのあるがままでよいのだ」ということである。これこそが健康な自尊心の基本的な考えであり，たとえそれが何であろうとも，短所も長所も，自分自身を無条件に受け入れるということである。この概念に働きかけるのを手助けする活動もあれば，あなた自身の「長所」を見つけて，それに焦点を当てて，それで

もよいのだとは現実には思えないような日であっても，それを進んで受け入れられるように手助けする活動もある。

　自分自身のすべての部分を受け入れるというのは，改善や成長を試みないということではない。内的な力を育み，難しい問題にうまく取り組み，自分の目標を達成することを習う活動もある。各活動の最後に挙げられた確認を読み，それを繰り返すことによって，その概念を自分のものとするのに役立つだろう。

　現実に生きている存在として，あなた自身に固有の価値という真実を理解し，それを受け入れ，大切なものにしてほしいというのが，私の希望である。あなた自身が他の人々と平等であるという点を実際に理解すると，愛情や受容に対してあなた自身がオープンになることができるのだ。そして，それこそが健康な自尊心の基礎である。

　あなたが今どのような気持ちでいようとも，この素晴らしい旅を始めようとしている勇気を持っている。勇気をもって，冒険の旅に出よう。幸運を祈る。

リサ・M・シャーブ, LCSW

目　次

The Self-Esteem
Workbook for Teens
Activities to Help You Build Confidence
and Achieve Your Goals

青少年のための
自 尊 心
ワークブック
自信を高めて自分の目標を達成する

健康な自尊心とは何か？

これを知っておこう

　健康な自尊心とは，確固たる自己価値感を抱いているという意味である。自分の短所を理解し，それを受け入れながらも，自分の長所も理解し，それを大切にしていることである。健康な自尊心を持っていれば，自分自身を含めて，すべての人の元来の価値を認識できる。

　ケイティは幼い頃，誰もが自分より優れていると思っていた。皆が自分よりも魅力的で，人気があり，才能があり，頭がよいと思っていた。とても皆にはかなわないし，自分にはまるでよい所などないと感じていた。

　ある日，ケイティは近所のトムが空手の練習をしているのを目にした。ケイティはいつもトムがすばらしいと思っていた。トムは誰にでも話しかけられるし，いつも気楽にそうしているように見えた。ケイティはトムが体を動かすのを見ていてたいへん心穏やかに，そして動きに集中しているように見え，身体的にも精神的にもたくましく思えた。

　「あなたは頭がよくて，格好もいいし，自信に満ちあふれている」とケイティはトムに言った。「私はいつもあなたのようになりたいと思っていた。私はいつだってうろたえてしまって，失敗をして，馬鹿げたことを言ってしまう」

　トムはケイティにハグして，微笑んだ。「うろたえたり，失敗したり，時には馬鹿げたこ

とを言ってしまうのは，誰にもあることだよ。誰にも恐れや欠点や不安な点はあるのだけれど，ただ外からはそれが見えないだけなのかもしれないよ。僕が小学校の頃，ひどく内気で，毎朝通学バスに乗る前に大泣きしていたことを知っているかい？　という訳で，不安に勝つために空手を習っているのさ」

「でも，あなたはとてもしっかりしていると私は思っていた」とケイティは言った。

「僕だって人間だ。君と同じだよ」とトムは答えた。「君はただ自分の短所や他人の長所に焦点を当ててばかりいて，自分の価値が見えなくなっているだけさ。僕たちは皆同じようにこの世に生まれてきたんだよ，ケイティ。皆が同じだとわかれば，自分に自信が出てくるだろう。君自身もそして他の誰もが，どのようであっても，すべてに価値があると受け入れてごらん」

これを試してみよう

　健康な自尊心を持っている人は，すべての人の価値を認めることができて，自分の弱点を恥ずかしいと感じることもなければ，自分の長所を誇ることがあっても，他者を貶めたりしない。

　以下の会話を読んで，あなたがもっとも健康的な自尊心と考えるものをチェックしてみよう。

「自由形の水泳リレーに勝って，おめでとう！」

- ☐ 「ありがとう，気分は最高。あなたが飛込競技で優勝したのもすばらしいわ」

- ☐ 「なぜ優勝できたかわからない。あまりフォームはよくないの」

- ☐ 「そうね，私と比べると他の選手はまるでオタマジャクシみたいなものだったわ」

「パトリックと別れたって聞いたけど。気分はどう？」

- [ ] 「これでいいのよ。いずれにしろ別れようと思っていたの。パトリックといると私が駄目になる」

- [ ] 「こうなることはわかっていたの。誰もが私のことを知ってしまうと，一緒にいてくれない」

- [ ] 「しばらくはとても悲しかったけれど，今はもう平気」

「すみません，席を間違えていませんか？　あなたの切符を確認してくださいませんか？」

- [ ] 「ああ，済みません。私はいつもうっかりしています」

- [ ] 「ごめんなさい，でも私が先にここに来ました。空いている席を探してください」

- [ ] 「あなたの言う通りです。ごめんなさい。私の席はひとつ後ろの列のようです」

「ねえ，それは私のセーターよ。勝手に着ないで」

- [ ] 「ごめんなさい。あなたが家にいなかったのだけれど，私はまずあなたに尋ねてみるべきでした」

- [ ] 「文句を言わないで。私が着たほうが似合うわ」

- [ ] 「私は自分が何を考えていたのかわからない。このセーターは私にも似合っていない。お詫びとして，私のセーターをあなたにあげる」

次にこれを試してみよう

あなたにとって「完全」に見える人の名前を挙げてみよう。

_____

その人の不完全な点や問題点をいくつか挙げてみよう。

_____

_____

あなたの長所は無視して，不健康な自尊心という視点から自分を描いてみよう。自分の短所やなぜ他の人々があなたよりもよいと考えるかを書いていく。

_____

_____

_____

_____

あなたの長所を認識し，短所も受け入れ，すべての人に平等な価値があることを認めながら，健康な自尊心という視点からあなたについて書いてみよう。

_____

_____

_____

_____

今日の確認

どのような長所や短所があったとしても，
私も含めて，すべての人に価値がある。

2

あなた自身のストーリー

これを知っておこう

　誰にもその人独自のストーリーがあり，それは重要である。誰があなたの友達で，あなたがどの学校に通っていて，成績がどのくらいで，自分の望んでいる人生を送っているかなどは問題ではない。あなたのストーリーはあなただけのものである。

　誰もがこれまでの人生で起きたすべてのことの結果として今の自分がある。人生のすべての出来事，これまでに出会ったすべての人，すべての経験が，現在の自分を形作るうえで大きな役割を果たしている。

　一人ひとりのストーリーは独特である。たとえ同じ町に住み，同じ学校に通い，同じ家族であったとしても，それぞれがここまでたどり着くには独自の道を歩んできて，今この瞬間には，あなたはこの本を読んでいるのだ。

　自分自身のストーリーを知るということは，自分自身を知る第一歩である。これを探っていくことは，どのようにして今の自分になったかを理解する手助けになる。自分のストーリーを語ることによって，そのストーリーを尊重し，自分自身を大切にし，尊敬できるようになる。今は信じられないかもしれないが，あなたにはそれができて当然である。

　あなた独自のストーリーは，あなたに起きたことについての情報をもたらす。さらに，前向きの感情も後ろ向きの感情ももたらす。あなたのストーリーを語るということは，あ

なたの人生を探り，それを認め，大切にできるようになる道である。心の内面を見つめ，自分がどのような人間であるか穏やかに見つめる絶好の機会を与えてくれる。

これを試してみよう

　一枚の紙に，あなたの人生で重要な記憶をリストに書き上げていく。たとえば，入学，転校，友達ができる，友達を失う，弟妹の誕生，達成したことや失ったこと，結婚や離婚，旅行，幸せな時や不幸せな時などである。それぞれの出来事の横に，それが起きた時の年齢を書いておく。

　以下の水平線の左端に「0」と書く。右端にあなたの現在の年齢を書く。リストの出来事をこの時系列にそって，起きた順に従って書き上げていく。各出来事の横にその時のあなたの年齢を書く。肯定的な記憶があれば，線の上に書き留める。否定的な記憶があれば，線の下に記録する。あなたのすべての情報が一致しない場合には，別の紙にもうひとつの時系列を書き上げていく。

_____

仕上がったら，時間軸を見直してみよう。あなたが気づいたことや感情を書く。

_____

_____

_____

_____

次にこれを試してみよう

さて，あなたのストーリーが実際の形として現れた。（もっと空間が必要ならば，別の紙やキーボードを用いてそうしてもよい。）これは何も国語の宿題ではないのだから，構成，綴り，文法などにこだわる必要はない。あなたのストーリーが浮かんでくるままに書いていく。

「昔ある時に〜」「私は〜で生まれた」「私のもっとも古い記憶は〜」などと書き始めるかもしれない。時間軸の人生の出来事一つひとつに詳しく書いていってもよいし，何か特別な出来事に詳しい情報を書きこんでもよい。たとえば，誕生，家族，さまざまな家族，学校，教師，影響を受けた人々，友達，休暇，あなたの人生の一部となった他の出来事などについてである。あなたのストーリーは長くても，短くても構わない。

これができあがったら，誰か信用できる人に向かってそれを声に出して読み上げてみよう。それを書いた時にどのように感じたかを話して，あなたの個人的な人生のストーリーをその人と共有してみる。

今日の確認

私の個人的なストーリーは独特で重要であり，
私自身もそうである。

③

あなたの長所

これを知っておこう

　あなたが誰で，何をしてきて，どのような人生を歩んできたかが問題ではない。あなたが何をして，何をしなくて，何を言って，何を言わないで，何を考え，何を考えなかったかが問題ではない。今日，この時点で，あなたには長所がある。それに気づいて，認めて，受け入れることが，健康な自尊心への第一歩となる。

　マヤは日に日に悪いほうに向かっているようだった。今年の講義はあまりにも難しくて，ついていけなかった。親友はめったに話しかけてこなくなり，孤独だった。兄がまた受賞し，マヤは兄の才能にはけっして追いつけなかった。そして，先週，彼女は化粧品を万引きして捕まった。店主は彼女の家族を知っていたので，警察に通報しなかったが，両親に電話をして，事情を話した。マヤは自分がひどい負け犬のように感じ，どこにも居場所がないように思えた。

　その日，父親がマヤの寝室のドアをノックすると，彼女は縮みあがった。お説教をされると思った。きっと一生，外出禁止になるだろう。しかし，父親は外出禁止にしなかった。父親はマヤが心配だと言った。マヤは自分に厳しすぎて，しばしば自分で自分を貶めていると父親は話しかけた。自分が嫌だと思っていることにいつも焦点を当てるのではなく，すべてのすばらしいことを認めて，楽しんで当然なのだと話して聞かせた。

「でも，私によいところなんてないわ」とマヤは応えた。「私はいつも失敗してばかり」

「もしもそう信じたいのなら，お前はけっして幸せにはなれないよ」と父親は言った。「お前がとても絵がうまいことや，お母さんとお父さんがお前をどれほど愛しているか考えたことがあるかい？　小学校からの友達のことはどうだい？　どうしてマイヤーズさんはいつもお前に子守りを頼んでくるのか，お母さんが週末に働かなければならない時にお前がどれくらい役立っているのか考えたことがあるかい？　マヤ，お前にはすばらしい長所があるよ。自分の嫌いなところを気にしすぎているので，長所が見えないだけなんだ」

これを試してみよう

あなたがマヤのように感じた時のことを書いてみよう。あなたの人生には何が起きていたのだろうか？

_____

_____

いろいろな人があなたの長所を指摘してくれるのだが，あなたは信じられない。自分のどこに焦点を当てるかを決めるのはあなた自身の選択である。あなた自身の嫌いなところに焦点を当てた時に自分がどのように感じているのか書いてみよう。

_____

_____

あなた自身の好きなところに焦点を当てた時に自分がどのように感じているのか書いてみよう。

_____

_____

自分の長所は本当ではなく，他の人がお世辞を言ったり，嘘をついているだけだと，脳が欺いて，伝えようとすることがある。このようなことがあなたに起きたことはないだろうか？　そのようなことがあったならば，例を挙げてみよう。

_____

_____

どの考えを信じようと決めたことについて考えてみよう。自分自身について嫌いなことから好きなことに焦点を移すことを考えてみてはどうだろうか？　そうできるかどうか理由を述べてみよう。

_____

_____

次にこれを試してみよう

　長所とは，かならずしも勝ち取ったものや達成したものに限らない。それは，あなたが試みたこと，考えたこと，あなたがどのような人であるかということでもある。この本を読んでいることさえも長所である。何か新しいことを試みようとしているという意味である。あなたには希望や勇気があり，進んで変化をもたらそうとしているという意味がある。

　以下の長所で，あなたに当てはまるものに印をつけてみよう。

聞き上手	忠実	正直
動物好き	スポーツ万能	頼りになる
ユーモアのセンス	勤勉	頭がよい
忍耐強い	人に親切	よき友人
誠実	愛情深い	勇気
清潔	責任感が強い	すばらしい趣味

あなたが印を付けた長所の一つひとつの例を挙げてみよう。たとえば，「忍耐強い」に印を付けたならば，忍耐を示した特定の時や，あなたがいつも忍耐強く行動すると気づいている状況について書いてみよう。

_____

_____

3人以上の人に，あなたの長所を言ってもらい，その答えを以下に書きあげてみよう。

_____ _____ _____

_____ _____ _____

今日の確認

私は自分の長所に気づいて，それを受け入れている。

脳の化学物質のメッセージ

これを知っておこう

　自分自身についてどう感じるかは，脳の生理学的機序ともある程度は関連している。脳のさまざまな部分の働きは，脳の化学物質の量や活動とともに変化し，それはあなたの背の高さや髪の色と同じように，先祖から遺伝した要因である。

　人間の脳は驚くほど，複雑な臓器である。それは身体のコンピュータ・センターである。自尊心への影響も含めて，これは身体のすべての統御と維持を行っている。

　脳のさまざまな部分には異なる機能がある。たとえば，辺縁系の深部は心の情緒的な調子を統御する。これは物事を肯定的，あるいは否定的にとらえる能力に影響を及ぼす。辺縁系の深部が過活動になると，物事を否定的にとらえがちになる。これは自尊心を低めてしまいかねない。脳の他の部位である基底核系は，不安や神経過敏の水準に影響を及ぼす。この領域の過活動は，他者から判断されているとか，精査されているという根拠のない気分に関連する。前頭前野皮質は注意や統合の能力をコントロールする。帯状系は柔軟性や協調性に影響を及ぼす。そして，側頭葉は記憶，感情の安定，攻撃性に影響を及ぼす。どの領域の過活動や低活動も，人間の行動や自分自身についての感じ方に影響を及ぼす可能性がある。

　さまざまな系とともに，人間の脳は化学物質，すなわち神経伝達物質の助けでもって機

能する。これらの化学物質の量とその活動によって，人間の気分，認知，行動に影響が出る。たとえば，化学物質のセロトニンは幸福感に関連する。ドーパミンは脳の報酬系や動機づけと関連する。ノルエピネフィリンは注意や焦点に影響を及ぼす。これらの神経伝達物質の過剰な低下や増加はうつ病への脆弱性を増すことになる可能性がある。

　新生児の脳の生理学は，親から遺伝したものである。遺伝的にこの世に持って生まれてきたものについて理解できれば，健康な自尊心を育むために何をすべきかより多くを知ることができる。

これを試してみよう

あなたの名前

　上の図にあなたより年長の家族についての情報を書き入れていくことで，「遺伝的な家系
図」を作ってみよう。できれば，両親，祖父母，曽祖父母の名を書きこむ。できれば，お
じおば，いとこの名前も加えていく。それぞれの名前の下に，その人の基本的な性格の特
徴を一言二言書きこむ。以下のような単語を使うか，自分自身の単語を使う。

注：もしもあなたが身内についてあまりよく知らないのであれば，他の家族に情報を求めるとよいだろう。しかし，情報を共有することに気が進まない人がいる場合には，プライバシーを尊重すべきである。

不安	楽天的	横柄	外交的
おっかなびっくり	運任せ	芸術家肌	風変り
おもしろい	勇気	変人	一匹狼
社交的	攻撃的	反抗的	中毒
気楽	内向的	完璧	受動的
抑うつ	気分屋	うるさい	知的
勤勉	創造的	緊張	成功者
怠け者	頑固	厭世的	内気
大人しい	霊的	冒険好き	

次にこれを試してみよう

あなたが作った家系図を見て，以下の質問に答えてみよう。
あなたの性格はどの人ともっとも似ているだろうか？

_____

あなたの性格はどの人ともっとも似ていないだろうか？

_____

あなたの性格はどの人と似ていると言われるだろうか？　その理由は？

_____

家系図の中に気づいた性格のパターンを書いてみよう。

_____

あなたの現在の自尊心は脳の化学物質に影響を受けている，あるいは受けていないかを書いてみよう。

_____

_____

遺伝的な家族歴の影響に基づいて，あなた自身のために健康な自尊心を育むのに役立つ領域について書いてみよう。

_____

_____

今日の確認

私の現在の自尊心は部分的には生物学的に形作られていて，
それは私の力が及ぶ範囲をもともと超えている。

家族のメッセージ

これを知っておこう

　あなたが現在，自分自身について感じていることは，子どもの頃に家族から受けたメッセージと部分的には関連している。子どもの時にそのメッセージをどのように解釈するかによって，自分自身についてよくも悪くも感じるようになる。同じメッセージについて若年成人となったあなたがもう一度検討することで，それをこのまま信じたいか，あるいはそうではないかを決めることができる。

　ディランはストレス対処グループに加わるのはこれで4期目だった。他の子どもたちのほうが状況はディランよりもはるかに悪くて，彼らのほうがストレスが強くても当然のように思われた。自分をみじめにさせるようなことを言われてきて，それについて頭の中であれこれ考えていた。その考えはあまりにも強くて，彼の人生を台無しにしてしまうほど強烈に感じた。グループでこれについて話すのはあまりにも恥ずかしくて，グループリーダーのチェイニー先生にそのことを後で告げた。

　「頭の中で，僕はろくでもない奴だという声が聞こえ続けています」とディランは言った。「気が狂いそうだ。何をしても，いつも自分がどうしようもなく感じる」

　「あなたがろくでもないと実際に誰かに言われたことがありますか？」とチェイニー先生が質問した。

「小さい時に，お父さんによく言われました。サッカーがうまくなれ，成績を上げろ，態度をよくしろ，何でも直せといつも言われていたと思います。でも，何かがよくなっても，もっとよくしろと言うのです」

「それでは，今のあなたの考えももっともですね」とチェイニー先生は言った。「子どもの頃に受けとめたメッセージは大人になってもついて回るものです。両親や世話をしてくれる人からの言葉となると，とくに強烈です。というのも，彼らは人生の中でもっとも重要な人であるからです。生きていくのに，そのような人にまさに頼っているわけですから。彼らのメッセージは私たちが自分自身について手にする最初の考えとなって，自己像とか自尊心を形作るのに重要な影響を及ぼします」

「完全に健康な人に育てられて，完全に健康なメッセージだけを受け取るのが理想的です。しかし，現実には，最善を尽くしているのだけれど，不完全で，健康な愛情を送れなかったり，肯定的なメッセージを送れないこともある人に，私たちはすべて育てられているのです。もっとも重要なのは否定的なメッセージに私たち自身の真の価値を歪められないことなのです」

「幼い子どもは，一般に他者からのメッセージを疑いもなく受け止めてしまいます。若年成人になったあなたには，そのようなメッセージをもっと慎重に検討して，健康な自尊心を育むのに役立つメッセージはどれで，役立たないのはどれかを見定める力があります。あなたにとって役立たないメッセージを捨て去る力が今のあなたにはあるのです」

これを試してみよう

あなたはなぜ父親がディランに繰り返し直すようにと言っていたと思いますか?

_____

_____

_____

_____

ディランはこれをどのように感じたと思いますか?

_____

_____

_____

あなたは父親がディランを愛していた,あるいは愛していなかったと思いますか?

_____

_____

_____

より健康的な自尊心を育むには，自分はろくでもないといった考えについて，ディランは一体何ができるでしょうか？

_____

_____

_____

_____

次にこれを試してみよう

はっきりと言葉に出して，あるいはほのめかすような形で，以下の中であなたが家族から受け取ったメッセージがあれば，下線を引いてみよう。

「お前は全力を出そうとしない」

「お前はろくでもない」

「お前にはそんなことができるはずがない」

「お前はどうして兄さん（姉さん）よりも出来が悪いのか？」

「お前を見ていると，気が狂いそうだ」

「お前はどうしてこんなことを私にするのだ？」

「お前はいつになったら大人になるのだ？」

「お前はバカか？」

「私がこんな具合なのは，お前のせいだ」

「お前はもっとましなことができるはずだ」

「お前には怒る資格はない」

「お前は人生で何をしようとしているのだ？」

「お前がこれまでにしてきたことをよく考えてみろ」

「お前は何かまともなことができないのか？」

「お前も少しは大人になれ」

前述したリストにはないが，あなたの自尊心に影響を及ぼす「頭の中で聞こえる」メッセージを書いてみよう。

_____

_____

_____

このようなメッセージが，現在の自分について感じることにどのような影響を及ぼしているか書いてみよう。

_____

_____

_____

別の紙に，心の中から消し去りたいメッセージをもう一度書いてみよう。それをシュレッダーにかけるか，千切って，捨ててしまう。メッセージがこれからもあなたに語り続けるようにするかどうかはあなた自身が選ぶことができることを忘れてはならない。

今日の確認

健康な自尊心には役立たない家族のメッセージは
捨て去ることができる。

6

社会のメッセージ

これを知っておこう

　あなたが現在，自分自身について感じていることは，子どもの頃に暮らしていた社会から受けたメッセージとある程度は関連している。子どもの時にそのメッセージをどのように解釈したかによって，自分自身についてよくも悪くも感じるようになる。同じメッセージについて若年成人となったあなたがもう一度検討することで，それをこのまま信じたいか，あるいはそうではないか決めることができる。

　ハノン先生の授業では，文化的な信念を伝える社会的メッセージについて話し合った。生徒たちは，ラジオ，テレビ，インターネット，新聞，雑誌などから例を挙げていた。

　「僕が耳にするのは自動車のコマーシャルばかりです」とマックスは言った。「何が格好よくて，速くて，燃費が最高かについてです」

　「私は雑誌やテレビを見て，誰もが痩せていて，美しくなければと耳にします」と述べたのはホイットニーだった。「私は広告のようになれなくて，イライラしてしまいます」

　「何でも金儲けのことばかりだ」と言ったのはジャレドだった。「どうしたらもっと金儲けができるかという広告ばかりだ」

　「環境にやさしいことを取り上げた広告が増えてきたように感じます」とローレンは言った。「環境保護のために，ゴミを減らし，再利用し，リサイクルしなければなりません」

　「どれも皆よい例です」とハノン先生は言った。「メディアは社会の信念を伝えています。君たちは，この社会が価値を置いているものが，自動車，美，富，環境保護だと指摘してくれました」

　「次に，このようなメッセージによって皆が個人的にどのように影響を受けているかについて考えてみましょう。社会が価値がある，あるいは受け入れられるとするものを君たちが持っている，あるいは持っていないとすると，君たちの自尊心はどのような影響を受けるでしょうか?」

これを試してみよう

あなたは子どもの頃にどのテレビ番組を見ていただろうか?

_____

こういった番組は社会が価値を置くどのようなメッセージを伝えていただろうか?

_____

「最高の」着飾り方についてどのような信念があっただろうか?

_____

どのようなコマーシャルを見ていたと覚えているだろうか?

_____

このようなコマーシャルは社会が重んじるどのような価値を伝えていただろうか？

_____

その時は理解できていなかったかもしれないが，何か政治的な問題について耳にしたこと
を覚えていないだろうか？

_____

社会が受け入れ，価値を置いていることについて，あなたが学校で何を習ったか覚えてい
るだろうか？

_____

これらの質問に対するあなたの答えを読み返してみて，このような社会のメッセージが，
今のあなたや，あなた自身についてどのように感じているかということに対して，どのよ
うに影響を受けているか書いてみよう。

_____

どのメッセージをこれからもあなたに影響を及ぼし続けてほしいだろうか？　どのメッセー
ジは信じるのをやめたいだろうか？

_____

次にこれを試してみよう

もしもあなたが自分の社会を創ることができるならば，それはどのようなものになるだろうか？

_____

_____

子どもたちが健康な自尊心を育むのを助けるために，あなたは彼らにどのようなメッセージを送りたいだろうか？

_____

_____

子どもの頃にこのようなメッセージを受けていたら，あなたの人生は同じだっただろうか，それとも異なっただろうかを書いてみよう。

_____

_____

鏡の前でこれらのメッセージを自分自身に向けて読んでみよう。

今日の確認

私は社会から受け取ったメッセージをすべて信じる必要はない。

自己メッセージ

これを知っておこう

　あなたが現在，自分自身について感じていることは，あなた自身から受けたメッセージとある程度は関連している。そのメッセージは，自分自身についてよくも悪くも感じるような手助けとなる。そのメッセージを発見し，探り，検討することで，それをこのまま信じたいか，あるいはそうしないか決めることができる。あなたは健康な自尊心を育むのに役立つように，自分自身に対して語りかける新たな方法を身につけることができる。

　言葉に出すか，出さないかにかかわらず，あなたは一日中実際に自分自身に「語りかけている」。頭の中で始終続く対話があり，心の中の声はあなたにメッセージを送り続け，それはあなたの気分に影響を及ぼす。

　私はそれを言うべきではなかった……あれはすばらしい映画だった……私は本当に彼女が好きだ……彼はひどく無礼だ……私はこの講義が嫌いだ……また失敗したなんて信じられない……これはひどい味だ。このようなメッセージが延々と続いていく。自分自身に語りかけるこのようなメッセージは自尊心を形作るうえで影響を及ぼす。

　スカイラーがバンドのコンサートで失敗をした時，彼女は自分自身にこう語りかけ

た。「失敗しなければよかったのに。でも，全体的にやり直しがきいて，すばらしかった」。ダンスのデートを断った時には，「その晩を一緒に過ごすよい友達がいる」と自分に言い聞かせた。彼女の前向きな自己像は健康な自尊心を育むのに役立った。

スティーブンがバンドのコンサートで失敗をした時，彼は自分にこうつぶやいた。「もう二度とうまくやることができない」。ダンスのデートを断った時には，「誰も二度と僕とはデートしてくれないだろう」と自分に語りかけた。彼の後ろ向きの自己メッセージは不健康な自尊心を育む一因となっていた。

　かならずしもそれに気づいていなくても，あなたは幼い子どもの頃から自分自身にメッセージを送り続けてきた。若年成人になって，あなたはこの自己メッセージを探り，それに焦点を当てる力を持っている。そこで，どのメッセージをこれからも持ち続け，どのメッセージを捨て去るか決めることができる。

これを試してみよう

これまでの人生で自分自身に送ってきたメッセージについて考えてみよう。もしも正確に思い出せなければ，ざっと思い出すだけでよい。以下のような場合に，それは何を語りかけていたのだろうか？

はじめて自転車に乗るのを試みて，転んだ時

_____

学校で何かを学ぶのが難しかった時

_____

友達から仲間外れにされた時

_____

バスケットボールのゴールポストにボールが入らなかった時

_____

親に叱られた時

_____

失敗した時

_____

はじめて選手に選ばれなかった時

_____

これから数日間，自己メッセージを探っていこう。一日のうちに起きた状況に対する自分の反応に気づくようにする。以下の表に自己メッセージを記録し，何回それを使ったか，自尊心が上がったか，下がったか，同じだったかに印を付けてみよう。

自己メッセージ	自己メッセージの回数	自尊心		
		上	下	同
		上	下	同
		上	下	同
		上	下	同
		上	下	同
		上	下	同
		上	下	同
		上	下	同
		上	下	同
		上	下	同

あなたの自己メッセージを示す単語に印を付けてみよう。自分自身の単語を空欄に書きこんでみよう。

肯定的	厳しい	親切	合理的	＿＿＿＿
要求	共感	愛情	否定的	＿＿＿＿
公平	無礼	非合理的	思慮深い	＿＿＿＿
優しい	攻撃的	愛情あふれる	不公平	＿＿＿＿

自己メッセージと，あなたが友人に伝えたいメッセージを比べるとどうなるだろうか？

よりよい　　　同じ　　　より悪い

次にこれを試してみよう

健康な自尊心を育むために自分自身に送ることができる5つのメッセージを書いてみよう。

1. _____

2. _____

3. _____

4. _____

5. _____

自分自身にメッセージを送る方法を以下から選び，実行してみよう。

- 鏡の前で，このメッセージを声に出して自分に向けて言ってみる。

- このメッセージを伝言メッセージで送る。

- このメッセージを電子メールで送る。

- しばしば目に付くところに，このメッセージを書いて貼っておく。

- 課題ノートにこのメッセージを書きこむ。

- ソーシャルネットワークを通じてこのメッセージを自分に送る。

- ボイスメールにこのメッセージを残しておく。

- このメッセージを手紙に書いて，郵便局から投函する。

今日の確認

私は健康な自尊心を育むのに役立つ自己メッセージを選ぶ。

8

人間の価値についての真実

これを知っておこう

　この世に生まれてきたすべての人間には価値と尊厳がある。例外はない。そして，これはあなた自身にも当てはまる。

　自分には欠陥があると思いこむような場合があるかもしれない。他の人には価値があるのに，何らかの理由で自分には価値がないと思うかもしれない。心の奥底のどこかで自分は間違っていると思うかもしれない。

　自己の欠点をあまりにも確信していると，健康な自尊心を抱くのが難しくなる。このような確信は，人間関係，達成度，活動といったほとんどすべての面に影響を及ぼす。それはまるでつねに自分の頭上に暗雲が立ちこめているかのようである。

　このような確信が誤っていると理解することが重要である。真実のように見えるかもしれないが，この信念を持ち続けることはできない。実際に，価値や尊厳のまったくない人間など存在しない。病院の小児病棟に2部屋あって，一部屋は価値のある新生児のためだけで，もう一部屋は価値のない新生児のためにあるといったことはない。人間は皆奇跡としてこの世に生まれてくる。それを否定するのは，単に私たちがそう考えるだけなのだ。

これを試してみよう

　これまでに出会った新生児について考えてみてほしい。新生児を目にしたことがなければ，新生児を想像してみよう。生まれたばかりで，最初の呼吸をして，まったく無力で，世話をしてくれる人にすっかり頼り切っている小さな赤ん坊を想像してみよう。誕生の奇跡や新生児の無邪気さについて考えてみてほしい。医療従事者が赤ん坊の親に話しかけるかもしれない以下のような言葉を読んでみよう。

- ☐ 「この赤ん坊は他の赤ん坊ほどよくない」
- ☐ 「この赤ん坊には何の価値もない」
- ☐ 「あなたは何の価値もない人間を生んだ」
- ☐ 「この赤ん坊には可能性は何もない」
- ☐ 「この赤ん坊には欠陥がある」
- ☐ 「あなたの赤ん坊は価値がないように思える」

　医師が子どもについてこのようなことを言うと考えるのは馬鹿げていると思われるかもしれない。実際に馬鹿げている。あなた自身についてこういったことを語りかけるのは同じように馬鹿げているのだ。あなたもある時点ではこのような新生児であったのだが，時間の経過とともにあなたの価値が消え失せてしまったりはしていない。

以下の額に，新生児だった頃のあなたの絵を描くか，写真を貼ってみよう。額の下の線にあなたの氏名を書きこむ。

_____

次の文章を下欄に書き写す。「達成した事柄，失敗，あるいは外部の状況がつねに変化したとしても，無条件に，生来の人間の価値がつねに存在している」

_____

_____

_____

次にこれを試してみよう

自分には価値がないとか，欠陥だらけだと考えた状況を書いてみよう。

そのような状況で何を自分に語りかけたか書いてみよう。

あなたにはまったく価値がないと確認できる実際の情報や証明可能な情報を挙げてみよう。たとえば，出生証明書に記録されているとか，その複写などである。

自分には価値がなくて，欠陥だらけだと確信するようになった理由を挙げてみよう。

自分自身の言葉を用いて，この過ちを信じるのを止めるためにできることを書いてみよう。

_____

_____

_____

_____

今日の確認

この世に生まれたすべての子どもと同様に，私には価値と尊厳がある。

多様性の真実

これを知っておこう

　あなたは，あなた自身，そして唯一のあなたになるように遺伝的にプログラムされている。この意味は，あなた自身の道を歩み，可能な限り最善のあなたになることで，成功できるということである。

　自分に満足できないと，他者を見つめて，そのようになりたいと思うかもしれない。他者以上になろうとするかもしれない。このようにすることは，まさに失敗に向けて舵を切ることである。ワシはフラミンゴにはなれないし，柳は松になれないのと同じように，ある人間は他の人間になることはできない。

　宇宙の自然な状態は，まさに多様性にある。樹木，昆虫，鳥，花，動物の種の多様性のすべてがこの真実を確認している。同様に，人間にもさまざまな形態，大きさ，色がある。この豊かな多様性は目的があって存在している。個々の人間の差が存在するのは，本質的にいかなる課題であっても達成できるようにするためである。さまざまな植物の生命，さまざまな動物の生命，さまざまな人間の生命があって当然であるのだ。

　個々の人間は，細胞，遺伝子，思考，感情，才能，技能の独特の配合から成り立つ。人生で成功するためには，自分自身の独特な道を認識し，尊重し，それに従うことである。もしも自分のすべてのエネルギーを使って，他の誰か，おそらく自分よりも「優れている」

53

と思う誰かのようになろうとするならば，ただ失敗するだけである。可能な限り最善の自分になろうとすることだけが，健康な自尊心を育むことになる。

これを試してみよう

もしも世界にたった一種類の植物しか存在しなければ何が起きるか，書いてみよう。

_____

_____

もしも一種類の動物しか存在しなければ何が起きるか，書いてみよう。

_____

_____

あなたが時々なりたいと思う人について考えてみよう。もしもあなたが毎日すべてのエネルギーを注いで，その人になろうとしたら，うまくいくだろうか？

_____

_____

すべての人に同じ才能と技能が備わっているとするならば，世界に何が起きるだろうか？

すべての人が同じ職業だったら，何が起きるだろうか？

すべての人が同じように見えたならば，何が起きるだろうか？

次にこれを試してみよう

　すべての生命体がまったく同じであるような想像の世界の一場面を絵に描いてみよう。植物，動物，昆虫，その他何でもよい。すべてのカテゴリーの生命体をまったく同じように描くのを忘れてはならない。

あなたの描いた絵を見て，このような世界について考えや感じを述べてみよう。

_____

_____

_____

　次に，現実の世界の一場面を描くのだが，多様性のない場面を描く。たとえば，現実の世界であなたは可愛らしい黒い子羊と元気なテリアのペットがいるかもしれない。あなたの絵では，どちらのペットもまったく同じに描く。あなたには現実世界では，運動万能の友人と，一緒に映画を見るのが大好きなすばらしいユーモアの持ち主の友人がいるかもしれない。しかし，あなたの絵には，どちらの友人もまったく同じに描かなければならない。

この絵を見て，このような世界についての考えや感じを述べてみよう。

_____

_____

_____

今日の確認

自分自身であろうということが成功への道であり，
他者のようになろうとすると失敗する。

身体について

これを知っておこう

　あなたの身体は，あなたの価値とは無関係である。身体はあなたが地球という惑星で生活するためのすばらしい容器である。誰にも身体があり，それを保つ必要があり，それは歳をとると弱まっていく。例外はない。

　体操の試合から帰宅したタラの気分は最高だった。トランポリンで最高得点をあげ，その朝の化学の試験でも一番の成績だった。ファッション誌を手にし，宿題を始める前に少しリラックスしようと思った。しかし，数分もすると，嬉しい気分が減っていくのを感じた。タラは水着の広告を見つめた。モデルたちは皆，タラよりもずっと痩せていて，背も高いし，すばらしい肌をしている。皆，気楽で，幸せそうに見えて，傍らにはハンサムな男たちがいる。「私が学校で，トランポリンの成績がよかったなんて，誰も気に留めないだろう」とタラは思った。「私はけっしてこのモデルたちのようにはなれない」

　翌日，生徒集会があり，出版のためにモデルの写真がどのように修正されているかということを，招待された講師が話した。キーボードに触れたとたんに，モデルの目は大きくなり，太腿は細くなり，筋肉は引き締まった。「広告で目にするものは現実ではないと知っておくことが大切です。画像のほとんどは修正されています」と講師は言った。

　講師は，身体が非常に大きなビジネスであることについても語った。「毎年，数十億ドル

も使われている結果として，身体のもっとも重要な側面は，それがどのように見えるかということだと，私たちは信じこまされています。そして，私たちがある特定の形で見えるようになれば，人生は幸せで，問題がないとされてしまいます。こういった考えを信じこんでしまうと，美容やダイエット製品を買うことになり，企業は大儲けできます。モデルは「現実」でさえないのですから，私たちはモデルのようにはなれませんし，商品の購入を止めることもできないのです。しかし，私たちには選択権があります。ビジネスに支配される必要はありません。私たちは独力で考えることができるし，心の中のほうが創られた外界よりも重要であることを忘れてはなりません。すばらしい自分自身の身体がつねに私たちのために働いてくれていることに感謝すべきです」

　講師は身体の真の目的を忘れがちだとも話し続けた。身体の機能とは，見る，聞く，飲む，考える，触れる，消化する，休む，癒す，味わう，食事をする，移動する，子どもを産むなどがある。「外見だけに焦点を当てると，これらの奇跡を忘れてしまいます」と講師は指摘した。「私たちの価値は外見がどうかと関連しているとか，背が高い，背が低い，痩せている，筋肉が多い，筋肉が少ない，肌が白い，肌が滑らかだ，肌が黒いとか，別の服があれば，幸せだといった誤った考えをするようになると，自尊心を傷つけることにもなります」

　タラの身体は体操競技会でうまく機能してくれたし，脳は化学の試験で立派に働いてくれたと，タラは考えた。自分の身体や外見を嫌ったりすることにエネルギーを費やすのは無意味だと，タラは結論を下した。

これを試してみよう

以下の額に子どもの頃のあなたの写真と現在のあなたの写真を張り付けてみよう。

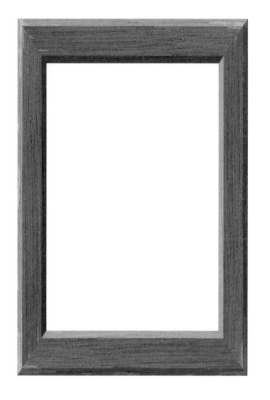
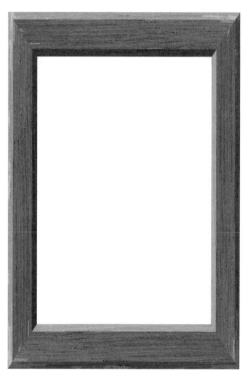

身体は当然，時間とともに変化していく。ふたつの写真で気づいた変化を書き上げてみよう。次に，人間としてのあなたの本質的な価値に影響を及ぼした変化に下線を引いてみる。

_____

_____

_____

これらの単語や文章はあなたの身体の部分を描いている。一つひとつについて，その目的を書いてみよう。自分が感謝していることには☆印を付けていく。

_____ 静脈	_____ 肺	_____ 心臓
_____ 膝	_____ 爪	_____ 消化器系
_____ 肘	_____ 目	_____ 鼓膜
_____ 皮膚	_____ 乳房	_____ 味蕾
_____ 脚の骨	_____ 指	_____ 歯
_____ 鼻腔	_____ 臍	_____ 生殖器

以下に挙げた人々は何世代にわたっても研究され，皆の記憶に残るだろう。社会に対する貢献とその外見に関係のある人に印を付けてみよう。

マーチン・ルーサー・キング	エイブラハム・リンカーン
ウィリアム・シェークスピア	アルバート・アインシュタイン
マザー・テレサ	フローレンス・ナイチンゲール
マハトマ・ガンジー	クリストファー・コロンブス
ネルソン・マンデラ	エレノア・ルーズベルト
マリー・キューリー	ジョアン・ローリング
トーマス・エジソン	ジュリアス・シーザー
ガリレオ・ガリレイ	

あなたが世界に貢献したことで人々に記憶しておいてもらいたいもっとも重要なことを書いてみよう。（それはあなたの外見だろうか？　社会のためにあなたがもたらした前進についてだろうか？　あなたから他者に向けた愛情についてだろうか？　あなたは不幸な人々をどのように助けてきただろうか？　仕事ではどのようなことを達成しただろうか？　他には何かあるだろうか？）

_____

_____

_____

次はこれを試してみよう

　これから数日間，身体についてのメディア報道を記録してみる。正しいと思われるものには「正」に印を，金儲けに関連するものには「金」に印を付けていく。

正　　金　_____

正　　金　_____

正　　金　_____

正　　金　_____

正　　金　_____

正　　金　_____

正　　金　_____

正　金 _____

正　金 _____

「金」に印を付けたメッセージはあなたの自尊心にどのような影響を及ぼしているのか書いてみよう。

_____

_____

_____

今日の確認

私は自分の身体の価値について
企業の言うなりに従うことを拒否する。

過ちについて

これを知っておこう

　あなたを含めて，完全な人間などいない。完全ということは文字通り不可能であり，他の人々と同様に，あなたは過ちを犯す運命にある。生きている限り，過ちを犯し続ける。これはあなたの価値とは何の関係もない。

　試合終了のブザーを耳にすると，ジャックは体育館から消え失せたいと思った。最後のシュートをミスして，チームが地区予選に負けてしまった。全校のために，全町のために戦ったのに！　ジャックはコートを離れて，ロッカールームに向かった。誰にも見つからずに，その場を立ち去りたかった。

　チームの他のメンバーがやってきて，ジャックの背中を叩いて，よくやった，いい試合だったと言った。「気にするな。来年があるさ」とひとりが言った。しかし，チームのメンバーがガッカリしていることに，ジャックは気づいた。皆を落胆させてしまい，ジャックは自分がすっかり嫌になっていた。シャワーも浴びず，着替えもしないまま，彼はバッグを手にした。ともかくそこから離れたかった。

　「ジャック，一緒に話そう」と，アンダーソン・コーチが呼びかけた。コーチはジャックの肩に手をかけて，駐車場のほうに向かった。二人はコーチの自動車に乗りこんだ。

　「本当に話したくないんです」とジャックは言った。「もう気分は最悪です」

「それでは，私の話を聞くだけでいい」とコーチは言った。大学時代に，決勝戦で同じように シュートに失敗して，二度とチームメートに顔向けできないと感じたという経験を，コーチはジャックに話した。

「コーチがですか？」とジャックは言った。「でもあなたは名選手で，偉大なコーチです」

「誰もが時にはへまをしでかすものさ。過ちを犯すのは人間の本性でもある。コンピュータのキーボードにはかならずデリート・キーがあることに気づいているかい？　このキーに気づいていない人がいる。でも，誰にも，自動的にデリート・キーが備わっている。というのも，過ちを犯さない人なんていないからさ」

「一つひとつの過ちを人生の当然の部分とみなして，そこから何かを学んで，成長の機会とすることを選択すれば，過ちを何か有効なことに自動的に変えることができる。トーマス・エジソンが電球を発明するのに900回以上試みたという話があるが，ある人がその失敗についてどう感じたかと質問した。すると，エジソンは「私は失敗などしていない。電球を作れない方法を899通り見つけただけだ」と答えた。

これを試してみよう

別の紙に，人間の過ちを記録してみよう。たとえば，あなたの弟が走っている時に転んだ，お父さんがコーヒーをこぼした，あなたが自動車事故を起こしたなどである。人間の過ちは限りない。あなた自身の過ちを含めて，いかに多くの過ちがあるかわかってほしい。

次にこれを試してみよう

自分についての気分を変えるために，あなたの思考を変化させてみよう。第一に，あなたが失敗した時の後ろ向きの考えを書き出してみる。

_____

_____

_____

次にこのような言葉を消していき，不完全な点を受け入れて，自分についの気分を改善させるのに役立つような前向きの自己メッセージを書いてみよう。

_____

_____

_____

　最近すっかり落ちこんだ過ちについて考えてみよう。目をつぶり，数回深呼吸して，リラックスする。同じ過ちをすることを想像するのだが，健康な自尊心で反応してみる。自分が異なる方法で何かをしたり，言ったりするのを想像する。共感的に，そして合理的な思考でもって，自分に向き合うことを想像する。それは健康な自尊心の一部である。

今日の確認

私の目標は過ちを犯さないことではなく，
それを利用して学び，成長することである。

比較について

これを知っておこう

　健康な自尊心は比較によって生まれるものではない。それは，他者が何を成し遂げるか否かとは関係なく，存在している。独自の自己と他者を比較することを止めると，健康な自尊心が育つ可能性がある。

　あなたは成績表を受け取ったが，兄弟姉妹よりも成績がよくないかもしれない。あなたの知っている子どものほうが魅力的で，自信も，小遣いも，友達も，才能も多いと思い，比較すると，自分のことをいつもみじめに感じているかもしれない。

　あるいは，経済的に恵まれない他の生徒を見て，自分のほうが力があると考えているかもしれない。友人の成績がよくなくて，自分のほうがよくできたと安心しているかもしれない。あまり魅力のない人，別の地域に住む人，たくさん問題を抱えている人，適応できない人を見て，自分と比較して優越感を覚えるかもしれない。

　自分と他者を比較して，一時的に自尊心を高めたり，低めたりしているかもしれない。しかし，この上がり，下がりは現実的ではない。というのも，自分をまた別の人と比較すると，気分はまた変わってしまうからである。誰かと比較することで自尊心が変化するのであれば，それは真に健康な自尊心ではない。

これを試してみよう

　左には，比較すると，自分についての気分がよくなる人の名前を3名書いてみよう。次に，これらの人々と比較した際に，自分自身についてどのように感じるか，自尊心尺度の数字に印を付けてみよう。

　右には，比較すると，自分についての気分が悪くなる人の名前を3名書いてみよう。次に，これらの人々と比較した際に，自分自身についてどのように感じるか，自尊心尺度の数字に印を付けてみよう。

1. _____　　　　1. _____

2. _____　　　　2. _____

3. _____　　　　3. _____

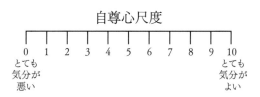

各尺度で自尊心のレベルを異なる数値で記録したのであれば，その理由を述べてみよう。次に，このような比較が真に健康な自尊心を育むことはないという理由を説明してみよう。

_____

_____

_____

次にこれを試してみよう

以下の文章は正しいか，誤っているか印を付けてみよう。

_____　　人間としての私の価値は，自分を他者と比較すると実際に変化する。

_____　　私を他者と比較すると，私のほうがより価値のある人間で，私の自尊心は高
　　　　　　　まる。

_____　　私を他者と比較すると，私のほうが価値の低い人間で，私の自尊心は下がる。

_____　　私を他者と比較すると，私に対する考えは変化する。

_____　　私を他者と比較すると，私に対する気分は変化する。

_____　　私を他者と比較しても，人間としての私の真の価値は変化しない。

_____　　健康な自尊心や不健康な自尊心に寄与する思考をしても，人間としての私の
　　　　　　　真の価値は変化しない。

　自分と他者を比較しないで一日を過ごすように試してみよう。それでも，比較しようと
する考えが浮かんでくるかもしれないが，それに気づいたら，これまでとは異なる反応を
するように努力する。意識的に比較しないようにして，それを変え，あるいはそれに強制
されずに，あるがままにしておくことができるかもしれない。

比較を止めようとしたらどのような感じだったか書き留めておこう。

_____

_____

_____

自分と他者を比較するのを完全に止めたら，自分自身についてどのように感じるようになったと思うだろうか？

_____

_____

_____

今日の確認

私と他者を比較しても，私の価値は変化しない。

判断について

これを知っておこう

　人間はしばしば他者に対して判断を下す。こうすることによって一時的に自分について気分がよくなるのに役立つからである。あなたを貶める人は，自分のほうがあなたより優れていると考えているのかもしれない。もしもあなたが他者を貶めるならば，あなたは自分のほうが他者よりも優れていると考えているのかもしれない。しかし，これは真実ではない。実際のところ，自己価値は，外部の判断とはまったく独立して，存在している。健康な自尊心を持っていれば，それに気づくことができて，他者に判断を下す必要もなければ，他者の判断に左右される必要もない。

　マギーとその友達はロッカーの脇に立っていた。そこにコリが通りかかると，2人の少女は顔をしかめた。「信じられないわ」と1人が言った。「よくあんな変な服を着て，学校に来られるわね」

　「頭がおかしいのよ」ともう1人が言った。「どう思う？」

　化学の授業中に，マギーは数人の生徒たちがあるマイノリティの人々についてひどいことを言うのを耳にした。マイノリティの人々を馬鹿にして，過度の一般化をし，よく知らない人々について批判した。

　その晩のパーティで，マギーが親友のザックのために友達に嘘をついたりできないと話したところ，ザックから自分勝手だと言われた。マギーはひどくうろたえて，パーティか

ら帰ってしまった。帰宅すると，母親から具合が悪いのか，何が起きたのかと尋ねられた。

「皆がお互いに他の人の悪口を言うのに疲れてしまった」とマギーは言った。「なぜそんなことをするの？　いつも他の人に対してひどくて，勝手なことを言っている」。彼女は母親に3つの状況について話した。

「人は自分自身が快く感じるようになるために，他の人をけなす」とマギーの母親は言った。「他の人の外見や生き方を批判する時には，どこか心の奥底で，自分はそれほどひどくないと考えているものよ。あるいは，他の人を貶める時は，自分自身が気分が悪かったり，公平ではなかったりすることもあるわ」

「あなたの友達や同級生たちが他の人々についてそんなふうに話す時には，優越感を覚えているのかもしれない。ザックはガールフレンドとの問題を抱えて欲求不満だったり，自責的になっていたのかもしれない。というのも，あなたに彼のために嘘をつくように頼むべきではないと知っていたからなのよ。あなたを非難することでザックの本当の気分を隠そうとしていた。それだから，このような批判を個人的に受け止めないことが大切なのよ。判断をするのは，判断をされる人よりも，判断する人についてより多くを語っている」

これを試してみよう

他者を判断しても，自分が彼らよりも優れているということにはならない。自分が正しくて，他者が誤っているということにはならない。自分のほうが価値があり，他者の価値が低いということにはならない。すべての判断は，一時的に（そして，誤って）自分自身の気分がよくなるだけである。ある一日を使って，次のような人々が他者を判断する言葉に注意を払ってみよう。それぞれ最低2つを見つけて，記録してみよう。

家族

_____

_____

友人

_____

_____

知人

_____

_____

知らない人

_____

_____

自分自身

_____

_____

このような判断は実際に真実だろうか？

_____

次の人々はなぜこのような判断をするのか説明してみよう。
「優等生学級にいるので，彼女は立ち往生している。勉強ばかりしているので，おそらく退屈しているのだろう」

_____

_____

_____

「あの地域に住んでいる人々はひどい。私はあそこに住んでいなくてよかった」

_____

_____

_____

「彼は本当にハンサムだけれど，女の子たちはおそらく彼を利用しているだけなのだろう。というのも，彼女たちは格好いい男の子と一緒なのを他の人々に見られたくて，彼を利用しているだけなのだろう」

_____

_____

_____

「あなたはいつもそんなよい気分でいる必要があるのですか？　とてもイライラさせられる」

_____

_____

_____

次にこれを試してみよう

　一日中，他の人に判断を下さないようにしてみる。判断を下すような考えに気づいたら，他者を受け入れるような考えに置き換える。あなたの考えを変えた状況の2つの例を書き出してみよう。

1. _____

2. _____

判断を控えたら，どのようだったか書いてみよう。

_____

自分について否定的な判断を耳にした最近の状況を書いてみよう。

_____

13

あなたは自分自身に何を言い聞かせただろうか？　あなたの考えがどのような気分を作り出しただろうか？　これはあなたの自尊心にどのような影響を及ぼしただろうか？

_____

_____

_____

_____

_____

_____

今日の確認

他者の判断が私の自己価値を変えることはない。

本来の自分

これを知っておこう

　変える必要があると考えて，思考，気分，外見，行動などを変える前のあなたが，本来の自分である。それは外部の期待や意見に影響を受ける前の自分である。あまりにも必死になって他の何かになろうとしているために，私たちの多くは本来の自分を見失っている。より健康な自尊心を持ち，自分自身についてより多くを知れば，本来の自分を信用し，それに従うことができる。

　ジェイミーの友達は馬に夢中で，週に2回乗馬レッスンを受け，暇な時には厩舎でボランティア活動をしていた。ジェイミーは馬にとくに興味はなかったが，友達が夢中なので，自分も馬が好きな振りをしていた。誕生日には乗馬靴をほしがり，放課後は乗馬レッスンを受け，暇な時には彼女も厩舎で過ごした。

　ある日，ジェイミーが馬の世話をしていると，厩舎のオーナーのヴィヴィが「あなたは心ここにあらずといった感じね。何を考えているの？」と言った。

　「ランニングについてです」とジェイミーは答えた。「今日がクロスカントリーチームの申し込みの日です。私は走るのが好きです。いつもそのチームに入りたかった」

　「では，あなたはここで何をしているの？」とヴィヴィは尋ねた。

　「友達がここにいます。私は皆と一緒にいたいのです。馬好きというのは格好いいし……」

「自分がそうしたいからではなく，他の人たちがそうしたいから，あなたはここにいると言っているように聞こえるわ」とヴィヴィは言った。「あなたは本来あなたがしたいことをしているわけではないのね。走っている時はあなたはどのように感じて，ここにいる時にはどう感じているの？」

「走っている時は，最高の気分です」とジェイミーは答えた。「変に聞こえるかもしれないけれど，まさに自分がしたいことといった感じです。走るために生まれてきた感じです。でもここにいると，場違いで，たまたまここを訪れただけといった感じです」

「あなたが友達の人生を追いかけているだけだからよ」とヴィヴィは言った。「自分の人生に戻って，チームに入るほうがいいわね。本来の自分の声に耳を傾けて，走るのを始めたらいいわ」

これを試してみよう

とても幼い子どもは一般にまだ本来の自分に近い。彼らはまだ他の人々の意見にあまり影響を受けていない。あなたが子どもの頃に，楽しくしていたこと，好きな遊び，誰と一緒に過ごしたかったかを書いてみよう。

_____

_____

_____

　今，あなたがしている活動を書上げてみよう。一つひとつの活動について，本来の自分がどれほどそれをしたいと思っているか，1（低）から10（高）で点をつける。点を付けたら，その活動が本来の自分はしたくないものであれば，なぜそれをしているのか説明してみよう。

活　　動	点	私はなぜこれをしているのか

　本来の自分がしたかった選択には，以下の「本来の自分」に印をつける。他の要因のために選択した場合には，「他」に印をつけ，その要因を具体的に書きこむ。たとえば，「両親にそうさせられた」「私は仲間に入りたかった」「規則違反である」「自分の本当にしたいことはできない」「格好いい」。

本来の自分　他　学校に着ていく服　＿＿＿＿＿＿＿＿＿＿＿＿＿＿

本来の自分　他　学校外で着る服　＿＿＿＿＿＿＿＿＿＿＿＿＿＿

本来の自分　他　昼食　＿＿＿＿＿＿＿＿＿＿＿＿＿＿＿＿＿＿

本来の自分　他　週末にすること　＿＿＿＿＿＿＿＿＿＿＿＿＿＿

本来の自分　他　友達　＿＿＿＿＿＿＿＿＿＿＿＿＿＿＿＿＿＿

本来の自分　他　夏にすること　＿＿＿＿＿＿＿＿＿＿＿＿＿＿＿

本来の自分　他　読む本　＿＿＿＿＿＿＿＿＿＿＿＿＿＿＿＿＿

本来の自分　他　聞く音楽　＿＿＿＿＿＿＿＿＿＿＿＿＿＿＿＿

本来の自分　他　お金の使い方　＿＿＿＿＿＿＿＿＿＿＿＿＿＿＿

本来の自分の希望だけに沿って行動したら，このような活動はどのように変わるか書いてみよう。

_____

_____

_____

次にこれを試してみよう

　以下の単語の中で，あなたを表わしていると思うものに印を付けてみよう。次に，本来の自分を示す単語に印を付ける。（同じ単語に印を付けてもよい。）該当する単語がない場合には，空欄に自分が思いついた単語を書きこんでみる。

無価値	孤独	騒がしい	柔軟	批判的
幸福	受容的	活動的	自己主張	不安
共感的	無能	要求過多	不器用	大人しい
不誠実	静か	うぬぼれ	冷淡	責任感
みだら	無礼	礼儀正しい	信頼感	正直
多忙	怠け者	快活	思慮深い	愛情あふれる
おしゃべり	落胆	哀しい	退屈	勉強好き
過敏	親切	親しげ	賢明	外交的
努力家	怖がり	勇気	受動的	怒り
創造的	孤立	圧倒	好奇心	忠誠

葛藤	健康	混乱	寛大	空虚
頑固	運動好き	リラックス	平穏	利己的
賢い	抑うつ	偏見	自信	攻撃的
＿＿＿	＿＿＿	＿＿＿	＿＿＿	＿＿＿

あなたはどれに印を付けて，それらをどのように比較するだろうか？

＿＿＿＿＿＿＿＿＿＿＿＿＿＿＿＿＿＿＿＿＿＿＿＿＿＿＿＿＿＿＿

＿＿＿＿＿＿＿＿＿＿＿＿＿＿＿＿＿＿＿＿＿＿＿＿＿＿＿＿＿＿＿

＿＿＿＿＿＿＿＿＿＿＿＿＿＿＿＿＿＿＿＿＿＿＿＿＿＿＿＿＿＿＿

この練習からあなたは本来の自分について何を学ぶことができるだろうか？

＿＿＿＿＿＿＿＿＿＿＿＿＿＿＿＿＿＿＿＿＿＿＿＿＿＿＿＿＿＿＿

＿＿＿＿＿＿＿＿＿＿＿＿＿＿＿＿＿＿＿＿＿＿＿＿＿＿＿＿＿＿＿

＿＿＿＿＿＿＿＿＿＿＿＿＿＿＿＿＿＿＿＿＿＿＿＿＿＿＿＿＿＿＿

＿＿＿＿＿＿＿＿＿＿＿＿＿＿＿＿＿＿＿＿＿＿＿＿＿＿＿＿＿＿＿

今日の確認

私は本来の自分を発見し，それを探ることができる。

家族にとって自分とは

これを知っておこう

　家族の一員であることが，あなたがどのように考え，感じ，行動するかという選択に影響を及ぼす可能性がある。あなたは家族の中で何らかの役割を果たしている。あなたは家族に反抗するかもしれないし，家族を喜ばせようとするかもしれない。本来の自分に基づいて決められたものもあれば，そうでないものもあるだろう。

　マディの両親はいつも言い争っていた。手が出ることもあり，口汚く罵り，脅し，どちらか一方あるいはふたりとも突然家を出ていくこともあった。マディは両親の喧嘩に脅えていた。自宅にいる間はほとんどの時間，両親が仲よくできるように手助けしようとしたが，何もうまくいかなかった。

　ジャッキーの兄は花形のレスリング選手で，成績は全Ａで，誰からも好かれていた。ジャッキーは兄に比べるとまるで負け犬のように感じ，学校でもさまざまなトラブルを起こした。悪いことはしたくないのだが，そうすることで少なくとも皆の関心を引くことができたし，兄の陰になって生きていくよりはましだと感じた。

　ニックの母親は何年間も家計のやりくりで必死だったが，家賃の滞納のために，一家は

しばしば立ち退きを命じられた。母親はすっかりニックに頼っていて，彼は家賃の足しのために週末はアルバイトをし，放課後は弟たちの世話をし，母親が遅くまで働く時には夕食を作った。ニックは母親や弟たちから頼りにされていることを承知していて，必死にそれに応じようとしていた。

　カルロスはずっと教師になりたいと考えていた。子どもたちに，自転車の乗り方から，算数，そして流星の探し方まで教えるのが好きだった。しかし，カルロスの両親はふたりとも弁護士で，息子が法学部に進学することを望んでいた。両親を喜ばせようとして，カルロスは政治学の講義を選択したが，卒業後は教職に就くことに関心があった。

　家族の状況や期待は，私たちの人生や役割を形作る。家族の他のメンバーとの関係の中で果たす役割を作るのだ。たとえば，「よくできる子」「反抗的な子」「皆の面倒を見る子」「お調子者」「スケープゴート」といった具合にである。徐々に自立していったとしても，家族は，私たちの選択や行動，パーソナリティ，自尊心に影響を及ぼす。この影響の結果として，本来の自分に沿った選択をすることもあれば，本来の自分とはまったく異なるような選択をすることになるかもしれない。

これを試してみよう

　以下の番号に従って，（1）それぞれのティーンエイジャーが自分や自分の家族の状況にどのように影響を受けたのか述べてみよう。（2）それぞれの状況で作りあげられたと思う役割を下のリストから選ぶか，自分自身の単語で書いてみよう。（3）この役割がそれぞれの人の本来の自分に沿っているか否かを述べてみよう。

マディ

(1) _____

(2) _____

(3) _____

ジャッキー

(1) _____

(2) _____

(3) _____

ニック

(1) _____

(2) _____

(3) _____

カルロス

(1) _____

(2) _____

(3) _____

お調子者	勉強家	文句屋	規律重視
扇動家	道徳家	いじめっ子	世話役
カウンセラー	成功者	赤ん坊	指揮官
監視役	反抗者	裁判官	スケープゴート
ボス	挑戦者	英雄	偽善者
自由人	よくできる子	タフガイ	文句屋

次にこれを試してみよう

　あなたも含めて家族全員の絵を描いてみよう。名前とともに，家族の中で果たしていると思う役割も付け加えていく。前に挙げた単語から選んでもよいし，自分自身の単語を用いてもよい。

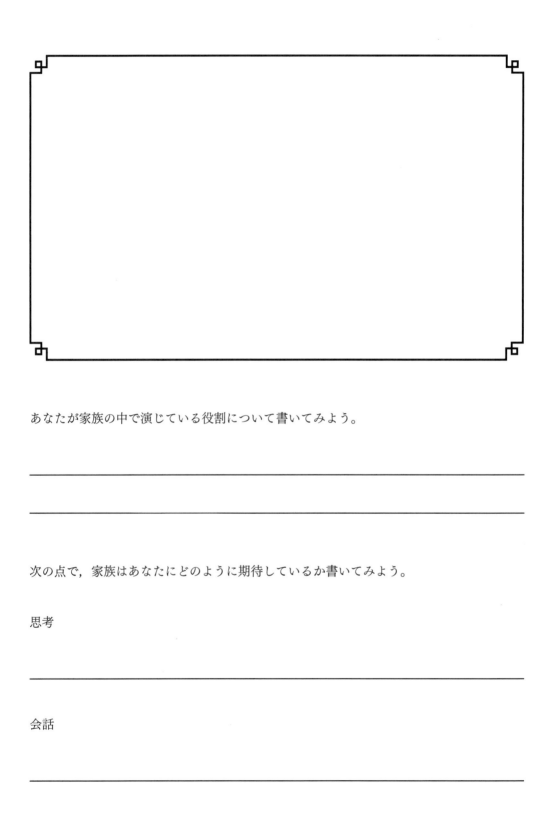

あなたが家族の中で演じている役割について書いてみよう。

_____

_____

次の点で，家族はあなたにどのように期待しているか書いてみよう。

思考

_____

会話

_____

感情

_____

行動

_____

家族の期待に応えるためにあなたはどれくらい本来の自分であるかを，それぞれの答えの隣に，1（低）から10（高）までの点で書きこんでみよう。

家族があなたにまったく期待していないならば，上のどれをこれまでとは異なる方法で行うか，あるいはまったく同じように行うだろうか？

_____

_____

あなたと家族の関係があなたの自尊心にどのように影響を及ぼしているか書いてみよう。

_____

_____

_____

今日の確認

家族の中で私が演じてきた役割を振り返ることで，
本来の自分を見つけることができる。

16

友人にとって自分とは

これを知っておこう

　あなたがどのように考え，感じ，行動するかの選択に，友人は影響を及ぼす。あなたは仲間の中で何らかの役割を果たしている。仲間の期待に応えようとするかもしれない。友人を喜ばすことで仲間に入ろうとしたり，本来の自分とは異なることで自分とは何かを探し出そうとするかもしれない。本来の自分に基づいて決められたものもあれば，そうでないものもあるだろう。

　マリアの親友はエイミーとハンナだった。3人は幼稚園からの仲良しで，ショッピングモール，映画館，外泊，デートといつも一緒に楽しく過ごしていた。しかし，寮でバレーボールを始めると，マリアはノアやエミリーと親しくなった。マリアは好選手で，新しい友達も彼女を励ました。マリアがノアやエミリーと一緒だと，スポーツだけに集中して，いつか奨学金を得られるだろうと自信が出てきた。

　2組の友達ができて，困惑することもあった。エイミーやハンナと一緒だと，マリアは外見が気になり，男の子たちの話をよくした。ノアやエミリーと一緒の時には，マリアはジャージーや運動着を着て，自分がアスリートだと思い，健康的な食事をした。

　マリアはどちらの友達と過ごすのも好きだったが，まるで自分がまったくの別人のように感じ始めた。

「どちらのほうが本当のあなたのように感じられるの？」と姉が尋ねた。

「どちらも少しずつは本当の自分だと思うわ」とマリアは答えた。「エイミーやハンナと一緒だと楽しいけれど，ノアやエミリーと一緒にいるとスポーツに集中していられる。一方のグループと一緒だと，私はパーティ好きの女の子だけれど，もう一方のグループと一緒だと，私はアスリートだわ」

「どちらの状況も本当に好きで，自分を変えているのならば，あなたは自分に正直だわ」と姉は言った。「でも，ただ仲間に入りたいというだけで，自分を変えているのならば，自分を見失って，気儘に振る舞っているだけよ。自分にとって正しいことをしなさい。何をしようとも，本当の友達はあなたを見捨てたりしないから」

これを試してみよう

　以下の表の第1列には，あなたの友達のグループを書きこむ。それぞれのグループには「ボランティアのクラブ」とか「近所の人々」とその特徴を書く。第2列目にはそのグループ内のあなたの役割を書く。第3列目には，そのグループに加わっていて，あなたがどの程度居心地がよいか，1（低）〜5（高）で点数を付ける。第4列目には，グループ内にいる時のあなたの自尊心を高，中，低と判定する。

グループ	私の役割	居心地のよさ	自尊心の評価
			高　　中　　低
			高　　中　　低
			高　　中　　低
			高　　中　　低
			高　　中　　低

パーティ好き	向う見ず	理性の声	平和主義者
ロマンチック	ジョーカー	煽動家	仲介者
聞き役	カウンセラー	批評家	反抗家
頭脳	計画役	いじめっ子	幽霊
リーダー	子分	犠牲者	話し手

次にこれを試してみよう

あなたの友達があなたの考えにどのような影響を及ぼしているか例を挙げてみよう。

あなたの友達があなたの気分にどのような影響を及ぼしているか例を挙げてみよう。

あなたの友達があなたの行動にどのような影響を及ぼしているか例を挙げてみよう。

友達に影響を受けなければ，どのように異なる行いができるか書いてみよう。

一緒にいると，あなたが本来の自分とどれほどかけ離れてしまうか，それぞれのグループを次の尺度に書きこんでみよう。

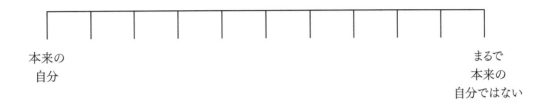

本来の
自分

まるで
本来の
自分ではない

今日の確認

私は本来の自分に沿った思考，気分，行動を
選択することができる。

17

社会にとって自分とは

これを知っておこう

　あなたが住んでいる社会が，あなたの思考，気分，行動についての選択に影響を及ぼす可能性がある。あなたは社会の一員と感じられるように行動するかもしれないし，社会から距離を置くように感じられる行動をするかもしれない。このような行動はあなたの本来の自分から生じているかもしれないし，そうではないかもしれない。

　ジャスミンは自分の縮れた黒髪が嫌いだった。雑誌のモデルの真似をして，できる限り髪を真っ直ぐにしようとした。縮れ髪が受け入れられて，美しいとすら見なされるので，プエルトリコのいとこたちと一緒に住みたいと思うこともあった。

　マーカスは未来の看護師クラブに参加を申し込んだたったひとりの男子だった。他の男子たちからからかわれて，マーキー看護師と呼ばれることもあった。「医者になりたいのであって，看護師ではないのだろう？」と大人からも言われたりした。マーカスは止めてしまおうかとも思ったが，クラブが本当に好きだった。マーカスは看護学は自分にぴったりだと強く感じていた。病人を助けたいと思っていたが，医学部のプレッシャーは嫌だった。男性が看護師になることにはどこか間違っていると考える人々に腹を立てることもあった。

　　アビーは厳格な宗教コミュニティで育ち，そこには振る舞いに関して多くの規則があった。同意できる信仰上の価値もあったが，どうしても受け入れられないものもあった。アビーはコミュニティの他の人々と自分がまったく同じであって当然だと決めつけられるのが嫌だった。自分の考えをはっきりと言うのを恐れて，自分が他の人々とは違うのだと伝える方法として，規則を破るようになった。

　　自分自身のアイデンティティを育むには，自分の本来の思考や理想，自分自身の信念や価値を探り当てる必要がある。健康な自尊心とは，社会通念と一致するか否かにかかわらず，自分自身の信念や価値が安全なものである限り，それに忠実であり続ける力と自信を持つことである。

これを試してみよう

前述のそれぞれの状況で，以下の質問に答えてみよう。

ジャスミン
どのような社会的価値にジャスミンは影響を受けているだろうか？

_____

彼女はそれについてどう感じているだろうか？

_____

彼女はそれに対して何をするだろうか？

_____

彼女の自尊心はこの状況からどのように影響を受けていると，あなたは考えるだろうか？

_____

あなたが彼女の立場だったら，どのようにするだろうか？

_____

マーカス

どのような社会的価値にマーカスは影響を受けているだろうか？

_____

彼はそれについてどう感じているだろうか？

_____

彼はそれに対して何をするだろうか？

_____

彼の自尊心はこの状況からどのように影響を受けていると，あなたは考えるだろうか？

_____

あなたが彼の立場だったら，どのようにするだろうか？

_____

アビー

どのような社会的価値にアビーは影響を受けているだろうか？

_____

彼女はそれについてどう感じているだろうか？

_____

彼女はそれに対して何をするだろうか？

_____

彼女の自尊心はこの状況からどのように影響を受けていると，あなたは考えるだろうか？

_____

あなたが彼女の立場だったら，どのようにするだろうか？

_____

次にこれを試してみよう

以下のどのようなところからあなたは社会的なプレッシャーを覚えるか，印を付けてみよう。それ以外の単語は空欄に書きこむ。

ラジオ	雑誌	宗教指導者	＿＿＿＿＿
テレビ	ソーシャルメディア	教師	＿＿＿＿＿
インターネット	演者	学校のスタッフ	＿＿＿＿＿
広告	政治家	ギャング	＿＿＿＿＿

これから数日間，あなたが社会の考え方や価値によって影響を受けた状況に注意を払い，それを記録してみよう。以下の表に，あなたの自尊心がいかに影響を受けたか，1（低）から10（高）までの点数をつけて，表に書き入れる。たとえば，自分が属するマイノリティを称賛するテレビ番組を見て，あなたの自尊心は高まるかもしれない。あるいは，あなたにはそばかすがあり，「汚い」そばかすを除く化粧品の宣伝を見て，あなたの自尊心は下がるかもしれない。

日／時間	出来事	情報源	自尊心（1～10）

社会的価値から影響を受けなければ，あなたの思考，気分，行動はどれほど異なるか考えてみよう。

起こり得る前向きの変化について書いてみよう。

_____

_____

_____

_____

_____

起こり得る後ろ向きの変化について書いてみよう。

_____

_____

_____

_____

_____

今日の確認

社会的価値が私に影響を及ぼすかどうかは，私が決めることができる。

18

わからなくても大丈夫

これを知っておこう

本来の自分が何であるか，人生で何をしたいか，そして，来年何をしたいかわからなかったとしても，あなたは完全に正常である。ほとんどのティーンエイジャーはこのようなことを必死になって探ろうとしている。今すぐにすべての答えを得ることなど不可能だ。

クリスティはその日の朝早く開催された就職説明会について考えると，すっかり疲れ果ててしまった。ファストフードから医療までさまざまな領域の代表が来ていた。クリスティは自分が将来何をしたいのかまったくわかっていなかった。どの説明会を聴けばよいのかさえよくわかっていなかった。

「私は昼食に何を食べたいのかさえよくわからないことがあります」と彼女は就職カウンセラーのウィリアムズ先生に語った。「私はダンスのチームメートと一緒にいたいと思うこともあれば，ただアリエルと一緒にいたいと思うこともあります。彼は本当に静かです。料理学校に行きたいと思う日もあれば，会計士になりたいと思うこともあります。私はどこか変なのでしょうか？」

ウィリアムズ先生は，クリスティには変なところなどまったくないと保証してくれた。「思春期というのは，自分の考えや興味を試してみて，さまざまな友達との交流を試みて，

もっとも居心地のよい人を探す時期なのです」と先生は言った。

「でも，ほかの人は皆，自分がどのような人間で，何をしたいか知っているように思えます」とクリスティは言った。「レイシーは歯科医になって，ベスは結婚して，6人の子どもを産むそうです。でも，私はバンドに加わりたいのか，合唱団に入りたいのかさえよくわからないのです」

「多くの子どもにはさまざまな考えがあります」とウィリアムズ先生は言った。「順調に進んでいる子どももいれば，そうでない人も多い。学べば学ぶほど，私たちはより成長し，変化するのであって，学習や成長に終わりはありません。混乱もするし，欲求不満も感じることがあるし，自分には何もわかっていないからといって，恐ろしくなることもあるかもしれません。でも，わかっていないことは完全に正常であるということをけっして忘れないことが大切なのです。一度に一歩一歩進んでいけばよいのです」

これを試してみよう

あなたが5歳だった頃について考えてみよう。自分自身について知っていたことや自分の将来について考えていたことを振り返ってみよう。次に，覚えていることを書き出していく。

5歳

_____

_____ 歳　_____

_____ 歳　_____

_____ 歳　_____

_____ 歳　_____

_____ 歳　_____

時間とともに，自分自身についての知識はどのように変化しただろうか？

_____

_____

_____

あなたの将来に対する夢はどのように変化しただろうか？

_____

_____

_____

次にこれを試してみよう

自分自身や自分の将来についての考えを書き出してみよう。（たとえば，「私は外交的になる」「私は美容学校に入学する」「私は政界に進出する」。）それぞれの宣言に対して，この考えについてどのように感じているかを，1（それほどたしかではない）から5（非常にたしかだ）で点数をつける。

_____

_____

_____

_____

_____

　自分自身あるいは自分の将来についてすべてを知らないことを前提として，以下の空欄を埋めてみよう。

> 私が _____
>
> _____
>
> _____
>
> _____ することを私は許す。
>
> 日時 _____　　署名 _____

今日の確認

私が将来，自分が何をしたいのか
正確にわかっていなかったとしても当然である。

19

自分の好き嫌いを
発見する

これを知っておこう

　自分は何が好きで，何が嫌いかを見つめることで，本来の自分について知ることが
できる。世界中で，あなたとまったく同じような好き嫌いの組み合わせを持っている
人は他にはいない。

　「今日は，自分の好きと嫌いについて考えていきましょう」とオリビアの心理学の教師で
あるヘニング先生が言った。「私たちは毎日，数多くの選択をしていて，それは自分の好き
嫌いによって大きく決められています。自分が下す決定の一つひとつが，行動を決め，人
生を少しばかり前に進め，自分の人生を形作るのです。ごく普通の日にどんな決定をして
いるでしょうか？」

　「Tシャツの色を赤にするか茶色にするかとか」とカイルが言った。

　「朝食をベーグルにするかコーンフレークにするか」とウィロウが言った。

　「映画館に行くか，ショッピングモールに行くか」と言ったのはオリヴィアだった。

　「ジョギングをするか，ソフトボールをするか」とオーウェンは発言した。

　「得意なことはこれまでの経験からも生まれます」とヘニング先生は指摘した。「何かを

して，それが好きだと，もう一度やってみたいと思います。ある程度は生物学的なものでもあります。黄色よりも緑が好きだったり，醤油よりもサルサが好きだったりするかもしれません。私たちの好みは脳や体の細胞がそういったことにどう反応するかによっても影響を受けます」

「どうしてサルサと醤油が出てくるのですか？」とカイルが質問した。

「よい質問ですよ」とヘニング先生が笑った。「というのも，何が好きか嫌いかがわかるようになると，自分の感覚が強まるからなのです。自分が何であるか，それがどうしてかよく理解できるようになります」

これを試してみよう

以下にあげるそれぞれの組み合わせのうちで自分にもっとも合うものに印を付けてみよう。

歩く	自転車に乗る	ためておく	捨てる
料理	外食	冷たいもの	熱いもの
書く	話す	数字	単語
集中する	夢見る	昼	夜
本	テレビ	砂漠	山
自宅	離れた土地	もらう	あげる
飛行機	列車	ロック	ラップ
固いもの	軟らかいもの	学校	仕事
風呂	シャワー	空	土
速い	遅い	ジーンズ	ジャージー
フォーマル	カジュアル	砂糖	塩

肉	野菜	都会	田舎
コメディ	ドラマ	構造	流動
コーラ	炭酸抜き飲料	春	秋
サンダル	スニーカー	運動をする	見る
縮れ毛	直毛	ホームドラマ	ニュース
暗い	明るい	話す	聞く

下の表に，あなたがもっとも好きなことと嫌いなことを書きこんでみよう。

	好き	嫌い		好き	嫌い
映画			飲み物		
食物			ゲーム		
歌			作者		
色			テレビ番組		
授業			趣味		
俳優			街		
スポーツ			気儘なこと		
動物			本		
音楽			月		

次にこれを試してみよう

あなたが人間ではない動物だったとしたら，どのようになりたいか，そしてその理由は何だろうか？　詳しく考えてみよう。空を飛びたいか，泳ぎたいか，地を這いたいだろうか？野生の地に住みたいか，それとも動物園や，誰かの家や庭に住みたいだろうか？

_____

_____

もしもあなたが何かの食物だったら，何になりたいか，そしてその理由は何だろうか？　辛いものか，甘いものか，苦いものだろうか？　熱くして，あるいは冷たくして食べられたいだろうか？　主菜として，あるいは副菜として食べられたいだろうか？

_____

_____

あなたが動物だった場合と食物だった場合を比べてみよう。両者に似た点はあるだろうか？似ていない場合は，両者がどのように異なるか述べてみよう。

_____

_____

_____

あなたの選択からあなた自身について考えたことを書いてみよう。

_____

_____

_____

今日の確認

私の個人的な好き嫌いは，
私が何であるかを理解する手助けになる。

自分の夢を発見する

これを知っておこう

　自分の夢，理想，目標を探ることによって，本来の自分を知ることができる。白日夢，夜見る夢，目的を持った思考，思いつきなどから，真のあなたはどのような人で，本当に望んでいることが何かについてヒントが得られる。

　「今日は夢について探っていきましょう」とヘニング先生は生徒たちに話しかけた。「将来の夢を考えてみると，自分にとってもっとも魅力的な状況や人について考えていることが多いのです。たとえば，優等生として表彰される，コンサートに出かける，誰か特定の人とデートをする，休暇を取る，等々」

　「ヤシが茂った海辺のどこかに旅行したい」とウィローは言った。

　「獣医になりたいと思うこともあれば，技師になりたいと思うこともあります」とオリヴィアは言った。

　「いつか兄弟姉妹のいない所で独りきりで暮らしたい」と言ったのはアンドリューだ。

　「あなたたちの夢はとてもはっきりしたものもあれば，漠然としていたり，混乱しているものもあるかもしれません」とヘニング先生は指摘した。「それは，あなたたちがどのように育ったか，あるいは自分がよく知っている大人がどのように生きているかを見てきたかということにしばしば影響を受けています。両親よりもよい将来を望んでいるかもしれま

せん。家族の伝統を引き継ぎたいと思っているかもしれないし，新たな別の将来を築きたいと思っているかもしれませんね」

「ダウン症候群の妹のように，障害のある子どもを，私は助けたいと思っています」とアシュリーは言った。

「父のようにオフィスで仕事をするのではなく，僕の夢はプロのフットボール選手になることです」と言ったのはカイルだった。

「将来の夢を探ると，今のあなたについて深く知ることができます」とヘニング先生は指摘した。

これを試してみよう

あなたの個人的な夢のいくつかを探る手助けにするために，次の質問に答えてみよう。3つの夢を実現できるとするならば，それは何だろうか？

1. _____

2. _____

3. _____

もしも宝くじに当たったならば，それで何を買うだろうか？

1. _____

2. _____

3. _____

世界のどこへでも旅行できるとしたら，どこへ行くだろうか？

1. _____

2. _____

3. _____

自分にどのような能力や技能があるとよいだろうか？

1. _____

2. _____

3. _____

自分自身のどこが変化するとよいだろうか，以下に印を付けてみよう。

性別　　　　　宗教　　　　　民族

人種　　　　　出生国　　　　家族構成

身体的能力　　社会的能力　　知的能力

次にこれを試してみよう

　邪魔の入らない静かな場所を見つける。気楽に座り，目を閉じる。数分間，自分の呼吸に注意を払って，心を落ち着ける。呼吸のパターンを変える必要もない。ただ呼吸に注意を向ける。息が入ったり，出たりして，身体深くに伝わっていくことに気づくだろう。ゆったりと呼吸して，穏やかな気分を味わう。すっかり落ち着いたと感じたら，将来について考

えを向けてみる。今から5年後について想像してみよう。5年後の自分の理想とする日々について考えてみる。自分の思う通りになると想像して，それには何の制限もない。その朝目覚めて，周囲を見回す。あなたはどんな場所にいるだろうか？　どのような臭い，音，気分を感じているだろうか？　目覚めて最初にすることは何だろうか？　次に何をするだろうか？　何が見えるだろうか？　誰に会うだろうか？　気儘にできるとすると，一日中どう過ごすか考えてみよう。誰と一緒に過ごしたいだろうか？　どこに行きたいだろうか？　たっぷり時間を使って，すべて自分がこうあってほしいと想像しながら，このように一日をどのように過ごすか考えてみる。このような想像をし終わったら，以下の質問に答えてみよう。

その理想的な日にあなたはどこにいるだろうか？

_____

_____

_____

あなたのすることを書き出してみよう。

_____

_____

_____

誰かと一緒ならば，その人について書いてみよう。

_____

_____

_____

その日のあなたの感情を書いてみよう。

_____

_____

_____

理想の一日について詳しく考えてみて，あなたが価値を置いているどのようなことについて明らかになっただろうか？

_____

_____

_____

これまでの練習で書き出したことは，あなたの理想の一日とどの程度似ているだろうか？

_____

_____

_____

今日の確認

将来についての私の夢は，
本来の自分を明らかにする手助けとなる。

自分の信念を発見する

これを知っておこう

　自分の信念を探ることによって，本来の自分について知ることができる。世界，正邪，善悪についてのあなたの信念はすべて，あなたの思考，気分，行動に影響を及ぼす。本来の自分に反映される信念もあれば，そうでない信念もあるだろう。

　オリヴィアが心理学の授業に来ると，次のような言葉が黒板に書かれていた。

　　世界はどのようにして創られたか

　　飲酒は何歳から許可されるべきか

　　本校の服装規則は公正なものか

　　政府はどの程度の権力を持つべきか

　　死後の生はあるか

　「このような問題について皆が信念を持っています」とヘニング先生は指摘した。「私たちの信念は，家族，友達，民族，宗教の伝統などに影響を受けていて，私たちが育つ過程ですべてを学んできたのかもしれません。すべての領域に信念は存在します。強固な信念もあれば，柔軟なものもあり，合理的なものもあれば，非合理的なものもあります。ゆる

ぎない信念から，柔軟に変更できるものもあるでしょう」

「誰か，子どもの時に教えられた信念の例を挙げてくれませんか？」

「私の家には教育について確固とした信念があります」とブライアンが発言した。「生まれた時から，兄や僕は大学に進学するようにと両親から言われてきました」

「私の両親からは，正直が一番と聞かされてきました」とウィローは言った。

「父は，『政府は国民の負担を減らすべきだ』と言います」と述べたのはカイルだった。

「叔母と母はいつも教会の話をします」とオリヴィアは言った。「与えるほうが，与えられるよりはよいというのです」

「どれもよい例ですね」とヘニング先生は言った。「納得して，引き継いでいる信念もあります。そして，それが自分にとって正しいのか疑問に感じていないために，信じ続けている信念もあります」

「あなたの信念がどのようなものであれ，その権利があります。自分自身のために築き上げる人生について選択するのに，その信念は役立ちます。自分の信念の体系を探れば，自分自身をより深く理解することができます」

これを試してみよう

家族，友達，社会から，成長の過程で繰り返し聞かされた考えや信念を書いてみよう。その左に，この信念に同意する場合には「↑」に，同意できない場合には「↓」を付ける。

↑ ↓ 1. ＿＿＿＿＿＿＿＿＿＿＿＿＿＿＿＿＿＿＿＿＿＿＿＿＿＿＿＿

↑ ↓ 2. ＿＿＿＿＿＿＿＿＿＿＿＿＿＿＿＿＿＿＿＿＿＿＿＿＿＿＿＿

↑ ↓ 3. ＿＿＿＿＿＿＿＿＿＿＿＿＿＿＿＿＿＿＿＿＿＿＿＿＿＿＿＿

↑ ↓ 4. ＿＿＿＿＿＿＿＿＿＿＿＿＿＿＿＿＿＿＿＿＿＿＿＿＿＿＿＿

↑ ↓ 5. ＿＿＿＿＿＿＿＿＿＿＿＿＿＿＿＿＿＿＿＿＿＿＿＿＿＿＿＿

同意できない信念を書き換えて，あなたの個人的な信念を正確に反映するようなものにしてみよう。

1. _____

2. _____

3. _____

4. _____

5. _____

あなたの本来の自分を反映していない信念に基づいて行動している割合をもっともよく示している数字に印を付けてみよう。

10%　　20%　　30%　　40%　　50%　　60%　　70%　　80%　　90%　　100%

次にこれを試してみよう

　以下の質問から5つを選んで，他者から言われたのではなく，あなたの個人的な信念に基づいて答えてみよう。あなたの信念は，家族や友達のものと同じかもしれないし，違うかもしれない。以下の話題について自分の信念がたしかでないかもしれないが，それでもかまわない。

どの環境問題がもっとも重要か？

_____

リベラル，中道，保守のうちで，どのような政治的な立場があなたにとってもっとも合理的か？

＿＿＿＿＿＿＿＿＿＿＿＿＿＿＿＿＿＿＿＿＿＿＿＿＿＿＿＿

戦争について何を信じているか？

＿＿＿＿＿＿＿＿＿＿＿＿＿＿＿＿＿＿＿＿＿＿＿＿＿＿＿＿

離婚は容易いか，難しいか？

＿＿＿＿＿＿＿＿＿＿＿＿＿＿＿＿＿＿＿＿＿＿＿＿＿＿＿＿

国の飲酒年齢を変更すべきか？

＿＿＿＿＿＿＿＿＿＿＿＿＿＿＿＿＿＿＿＿＿＿＿＿＿＿＿＿

国の自動車運転年齢を変更すべきか？

＿＿＿＿＿＿＿＿＿＿＿＿＿＿＿＿＿＿＿＿＿＿＿＿＿＿＿＿

学校の制服は，生徒が互いに平等と感じるのに役立つか？

＿＿＿＿＿＿＿＿＿＿＿＿＿＿＿＿＿＿＿＿＿＿＿＿＿＿＿＿

どのような状況ならばセックスをしても構わないか？

＿＿＿＿＿＿＿＿＿＿＿＿＿＿＿＿＿＿＿＿＿＿＿＿＿＿＿＿

子どもを叩いてもよいか？

_____

神は存在するか？

_____

人間が死ぬと何が起きるか？

_____

人間はどのように創られたのか？

_____

人工妊娠中絶は合法化すべきか？

_____

すべての人に銃を所持する権利があるか？

_____

死刑を廃止すべきか？

_____

不法移民にはどのような権利やサービスを許すべきか？

_____

ストリートドラッグを合法化すべきか？

_____

同性愛のカップルの結婚を合法とすべきか？

_____

今日の確認

私の信念は，
自分にとって何が重要であるのかを理解する手助けとなる。

自分の情熱を発見する

これを知っておこう

　自分が情熱を感じていることを探っていくと，本来の自分について知ることができる。あなたは，ある考え，持ち物，人に情熱を覚えるかもしれない。情熱はあなたの心の奥底から湧き上がる感情であり，一般に本来の自分を表している。

　授業の最終日に，オリヴィアの先生は情熱について取り上げると言った。笑い出す生徒もいた。「保健の授業ではまさにこのことについて話し合うと思っていたんだ」と誰かが言った。

　「あなたが考えているのは，性的な情熱についてですよね」とヘニング先生は応えた。「それも情熱のひとつです。でもたくさんある情熱のひとつです。情熱というのは，趣味から人まで，心を強く動かされる何かのことです。一般に，自分の情熱には強い関わりを持ち，その関わりは思考のレベルを超えていきます。情熱は，身体的，感情的，霊的に感じることができます。これは好き嫌いよりも強くて，深いものです。誰か自分の情熱とその影響について話してくれませんか？」

　「動物の権利です」とオーウェンが言った。「農場でいかに動物が冷酷な扱いを受けているか，僕は映画を見たり，記事を読んだりしました。多くの動物は小さな檻に入れられて，一生の間立つことすらできないのです。だから僕は獣医になります」

「笑うなよ」とアンドリューが言った。「僕の情熱は野球のボールのコレクションだ。メジャーリーガーのサイン入りのボールを9つ持っているけれど，この夏には10個目を手に入れたい。ある時，弟がそのボールで遊んでいたのを見つけて，僕は本当に頭にきた。ボールは僕にはとても大切だ」

「ダンス」と言ったのはアシュリーだった。「幼稚園の頃からダンスのレッスンを受けていて，とても止められない。踊っている時の感覚が大好きです」

「私はボーイフレンドにすっかり参っています」とオリヴィアは言った。「身体的にというばかりでなく，彼と一緒にいる時の感じが気に入っています。私たちはスキー，ホラー映画，あれこれ乗っているピザが好きです。彼は優しくて，正直で，いつも私を笑わせてくれます。私の大親友です」

「いいですよ」とヘニング先生は言った。「考え，持ち物，活動，人に情熱を感じることの例を挙げてくれました。自分の情熱に気づくと，本来の自分に対する意識を高めることができます」

これを試してみよう

　以下に挙げる考え，持ち物，活動，人，動物などあなたが情熱を感じるものに印を付けてみよう。

考え

政治	公民権	宗教	芸術	教育
動物の権利	離婚	自由	平和	健康

所有物

宝石	衣服	本	運動用具	自動車
金	コンピュータ	電話	芸術作品	CD

活動

学習	社会参加	運動	芸術	音楽	旅行
ボランティア活動	食事	睡眠	野外活動	読書	

人や動物

両親	友達	親戚	人類	病人
ホームレス	ペット	障害者	兄弟姉妹	ボーイフレンド
ガールフレンド				

　この額に，字を書いたり，絵をかいたりしてあなたの情熱をより個人的に示してみよう。たとえば，誰かの名前や，全員登校日にどう感じるかについて書いたり，好きな趣味について絵を描いたりしてもよい。

次にこれを試してみよう

　数分間，気分を落ち着かせて，気楽に座り，目を閉じて，リラックスする。数回ゆったりと深呼吸をして，自分の最大の情熱について考えてみよう。それは何らかの考え，持ち物，活動，人かもしれない。この情熱に関わっている自分自身をありありと思い浮かべてみる。こうして自分を見つめて，身体がどのように反応しているのか見ていこう。どのような気分が沸き上がっているだろうか？　それをどこに感じるだろうか？　チクチクするような感じや温かさを覚えるかもしれない。体の一部や全体に前向きのエネルギーの感じを覚えるかもしれない。情熱を覚えた時の自分自身を想像し続けて，この絵が引き起こした感覚を味わってほしい。準備ができたら，注意を現時点に戻して，目を開ける。

　以上のことを終えて，あなたの気分がまだ新鮮なうちに，この情熱が自分にとってどのような意味があるのか数分かけて書きとめておこう。

今日の確認

私の情熱は，私が誰であるかを理解する手助けとなる。

ピアプレッシャー

これを知っておこう

　友達があなたに何らかの方向に考え，感情，行動を導こうとすることは，ピアプレッシャーと呼ばれている。自分自身の気分をよくしようとして，人はこのように振る舞う。友達に健康な自尊心があれば，他の人にプレッシャーをかける必要はない。そして，健康な自尊心を持っているならば，ピアプレッシャーに屈する必要もない。

　サムの両親が週末に旅行に出かけると知った友達が，サムに自宅でパーティを開くようにと迫った。サムの姉アリシアが監督すればよいというのだったが，アリシアは一晩中仕事をするシフトに入っていて，家にはいない。

　サムはこれまで両親の期待に反したことはなかったので，信頼を失いたくなかった。しかし，誰もが心配しなくてよいと彼女に言った。両親は気づきはしないというのだ。

　サムはどうしたらよいのかわからなかった。これまでに口をきいたことがないような人気のある子どもたちも，自分たちも誘ってほしいと言ってきた。噂が独り歩きをして，見ず知らずの子どもたちからもサムはパーティについて質問された。これほど多くの人の関心になっていることは気分がよかった。

　サムは親友のジェシカとアンナに打ち明けた。すると，ジェシカは「無理強いに耳を傾けることはないわ。自分がしたいことをしなさい」と言った。それこそが問題だった。サ

ムは本当に皆から好かれたかったし，両親の信頼も失いたくないと思っていた。しかし，誰もが両親には気づかれるはずがないから，問題ないと言い続けた。「どちらにしても，私はあなたの友達よ。自分がしたいことをしなさい」とアンナは言った。

これを試してみよう

あなたはサムがどうすべきか考えてみて，そしてその理由も述べてみよう。

_____

_____

もしもサムがパーティを開いたら，その晩に誰が友達になるのだろうか？

_____

_____

もしもサムがパーティを開かなければ，その晩に誰が友達になるのだろうか？

_____

_____

もしもサムがパーティを開いたら，その2週間後に誰が友達になるのだろうか？

_____

_____

もしもサムがパーティを開かなければ，その2週間後に誰が友達になるのだろうか？

_____

_____

このストーリーで誰が健康な自尊心を持っているとあなたは思うだろうか，そしてその理由を書いてみよう。

_____

_____

次にこれを試してみよう

　以下の事柄から，あなたがしなければならないと感じるプレッシャーに印を付けてみよう。あなたが他の人にさせようとしたことにも印を付けてみよう。（両方に印を付けるものもあれば，ひとつだけのものもあるだろう。）

ゴシップ	独特な服の着かたをする
喫煙	ある人が好きあるいは嫌い
飲酒	あるショーや映画を見る
あるクラブに加わる	ある授業を取る
ドラッグに手を出す	独特の髪形をする
窃盗	特定の音楽を聴く
ある体形を保つ	好きではない性的行為に及ぶ
ある種の宗教を信じる	タトゥーやピアスをする
あるスポーツをする	好みではない性行動に及ぶ

あなたが印を付けた状況のひとつについて書いてみよう。その状況であなたの自尊心はどれほど健康的であっただろうか？

_____

_____

あなたが印を付けた状況のひとつについて書いてみよう。その状況であなたの自尊心はどれほど健康的であっただろうか？

_____

_____

　自力では立ち向かうのが難しいと感じる時に，ピアプレッシャーに圧倒される。実際に経験したピアプレッシャーに置かれた自分を想像してみよう。もしもそのようなことがまた起きたら，以下の言葉のうちで，自分で言うことができるものに印を付けてみよう。あるいは，自分なりの言葉を書いてみよう。

「ありがとう，でも私にはできません」

「いずれにしても，ありがとう」

「ありがとう，でも私はパスします」

「いいえ，私はそうしません」

「いいえ，私はそうしたくありません」

「ありがとう，でもそれは私のやり方ではありません」

「いいえ，そんなことをしたくありません」

「ありがとう，でも私はそうするつもりはありません」

_____

_____

_____

_____

23

_____

_____

_____

_____

_____

_____

_____

今日の確認

私にはピアプレッシャーに立ち向かう力がある。
私は自分にとって何が正しいか決める。

宇宙の中の自分

これを知っておこう

　人生の挑戦に必死になって立ち向かっている時には，大きな視点からそれを眺めるようにしてみよう。パーソナリティや問題を超えて，宇宙の中で自分がどのようになりたいのかと自問自答してみる。これは本来の自分に沿った，行動をとることに役立つ。

　どのように対処したらよいのかわからない，問題の多い状況に向き合うと，困惑，欲求不満，苦痛に囚われてしまいがちである。さまざまな対策を考えたり，あれこれ試したりしてもうまくいかないのではないかと不安になる。あなたの選択に対して他の人々がどう考えて，どう言うのか悩むかもしれない。結局うろたえたり，落胆したりするのではないかとあまりにも多くの時間悩むことになるかもしれない。

　他の人々の反応で自分の決断が揺れると，不全感に囚われてしまう。つねに他者の思惑に動揺させられると，けっして心穏やかにはなれない。他の人々が自分に望んでいることばかりをしようとして，心は揺れに揺れる。

　より大きな視点から状況をとらえることによって，この混乱から抜け出すことができる。他者が私をどう見るかと問うのではなく，宇宙の中で私はどうありたいのかと自問する。このように自問することによって，自分が真に何であり，この惑星にどのように貢献したいのかという，より大きな考えに心を向けることができる。自分はどのような人になりた

いのだろうか？　どのような価値を抱いて生きていきたいのだろうか？　他者とどのように関わりたいのだろうか？

　このように自問自答することは，本来の自分に沿った行動を明らかに選択することに役立つ。

これを試してみよう

生き方を見ていて尊敬できる人のリストを作ってみよう。それは家族，友達，公人，歴史上の人物かもしれない。名前の脇に，自分自身の中にも育みたいと思う，その人物の性格の特徴を書いていく。

_____

_____

_____

_____

_____

以下の質問に答えてみよう。

私はどのような点に優れていたいだろうか？

_____

私は地球にどのような貢献をしたいだろうか？

_____

私のどのような功績を覚えてもらいたいだろうか？

_____

もしも世界を変える力があれば，それを成し遂げた時に，地球はどうなっているだろうか？

_____

_____

_____

次にこれを試してみよう

　あなたがなりたいと思うような人物について考えてみて，次のような状況ではどのような行動に出るか答えてみよう。

あなたは友達とショッピングモールにいるが，足を引きずっている少女が目につく。すると友達のひとりが，足を引きずる真似をして，他の友達も笑い出して，真似をする。友達はあなたにも同じことをしてほしい。少女がこちらを振り向いて，辛そうにし，その顔には当惑が浮かんでいる。

_____

_____

_____

_____

親友があなたのお気に入りのシャツを借りているが，その前面に大きなシミを作った。

_____

_____

_____

それは洗うことはできず，シャツは台無しになってしまった。

_____

_____

_____

弟がいつもあなたを煩わせる。大きな子どもたちがバス停で弟をいじめていて，リュックをつかんでいる。

_____

_____

_____

わからないからといって，従弟があなたに代わりに宿題をしてほしいと言う。あなたは別の学校に通っているので，見つからないので，ずるをしたことにはならないと従弟は言う。

_____

_____

_____

親友と喧嘩をしたが，話い合いを拒む。他のすべての友達はあなたが正しいと言う。

_____

_____

_____

_____

現実の人生で誰かと問題を起こしたり，あるいは頭を抱えるような状況について考えてみ
よう。あなたは自分の理想に基づいてどのように振る舞うか書いてみよう。

_____

_____

_____

_____

今日の確認

私はこの宇宙の中でどのような人間になりたいかを考えて，
自分の行動を選択する。

なぜ自分はここにいるのか

これを知っておこう

あなたは才能，技術，天分が組み合わさって備わっている唯一の人であるので，世界に対して独特な貢献ができる。この考え方を理解し，探り，あなた自身の道に忠実であれば，他者が何を言い，何を行おうが，真の人生を送る助けになるだろう。

自分の心の中の真の声に耳を傾け始めると，人生であなたにとって正しい道を含めて，自分にとって何が最善で，何がそうではないかという点について明らかに理解できるようになる。

これは，バスケットボールをするかバレーボールをするか，子守りをするかファストフード店で働くか，あるグループと友達になるか他のグループにするかを決めるといった，日常の出来事についてであるかもしれない。あるいは，就職とか人生の選択に関連するような，将来へとつながる一層大きな道かもしれない。あなたとまったく同じ人などいないのだから，誰か他の人の道があなたにとって正しい道ではあり得ない。

他の人と同じ目的を果たすことなど誰にもできない。あなたの独特な目的について理解できると，自分の価値や，世界に対してあなただけにしかできない特別な貢献に対する信頼が増していく。この目的を理解したり，その目的に近づくことによって，自分が不確かであったり，傷つきやすく感じている時であっても，信じられる何かを得ることができる。

あなたが特別な理由で生きていることをまったく疑いなく承知していると，たとえ他者が別の方向に導こうとしても，あなた自身の確信を維持する力が与えられるのだ。

重要な注意点：もしもあなたの目的が，違法で，非道徳的で，非倫理的な行為に導いたり，トラブルに巻きこまれるような何かをすることになるのであれば，注意しなければならない。これは誤った方向の考えである可能性が高い。真の，健康な目的は，否定的な結果をもたらすことはめったにない。

これを試してみよう

偉大な芸術家，発明家，知的な人は，成功への独特な目的につねに従っている。真の人生の目的をもって生きていると思われる，あなたの知っている現実の人々の名前を書き出して，その理由を述べてみよう。

_____

_____

_____

_____

_____

可能であるならば，そのような人々と彼らの経験について話してみよう。いつ最初に自分の目的に気づいたのか，それは時間とともに変化していったのだろうか，目的達成のためにどのような段階を踏んだのかといった点を尋ねてみるとよいだろう。自分に役立つと思われる彼らの言葉を何でも記録しておく。

_____

_____

_____

_____

_____

_____

次にこれを試してみよう

あなたは自分の人生の目的をよく理解しているかもしれないし，まったく理解できていないかもしれない。どちらでも構わない。元来の自分を探り，それを受け入れようとすれば，かならず自分の目的を見つけることができる。以下に挙げた各活動が自分にとってどのように魅力があるかに沿って，1（低）から10（高）の尺度で点数を付けていく。あまり深く考えずに，自分の直感で点数をつけてみよう。

_____ イルカと一緒に泳ぐ　　　　_____ 市を計画する

_____ 人々の世話をする　　　　　_____ 情熱的に話す

_____ 子どもに教える　　　　　　_____ 人々を鼓舞する

_____ 野外で活動する　　　　　　_____ コンピュータの仕事をする

_____ 心を使う　　　　　　　　　_____ 体を動かす

_____ ヨットを操縦する　　　　　_____ 子どもたちと遊ぶ

_____ テクノロジーを駆使する　　_____ 数字を扱う仕事をする

_____ 他者を指導する　　　　　　_____ 本を書く

_____ 海外旅行をする　　　　　　_____ 会社を経営する

_____ 他者に貢献する　　　　　　_____ スポーツをする

_____ 家族を持つ　　　　　　　　_____ 動物の仕事をする

_____ 健康状態を改善する　　　　_____ 環境を改善する

どの活動に5点以上付けただろうか？

_____

5点未満にしたのはどの活動だろうか？

_____

点数をつける際に何らかのパターンに気づいたら，それを書いておこう。

_____

あなたの自然な才能や天分を書き上げてみよう。

_____

あなたの才能や天分にどのような点数を付けるだろうか？

_____

もしも自己疑惑や否定的な点に拘ってしまっているならば，次のような質問を自分にして
みよう。

　私は誰を助けるためにここにいるのだろうか？

　　　_____

　私はここで何をすべきなのだろうか？

　　　_____

　私の今日の目的は何だろうか？

　　　_____

今日の確認

私の人生に独特な目的があることを忘れずにいれば，
自分自身に忠実でいる助けとなる。

26

態度が生み出す力

これを知っておこう

あなたの態度，すなわち考えが作り出す外面は，あなたにとって幸せな人生を作り出すためのまさにもっとも力強い道具である。それは，あなた自身を含めて，すべての経験に影響を及ぼす。

ある蒸し暑い日に，サラとブリトニーはマラソンをした。彼らは何時間も走った。ふたりとも同じ程度の暑さ，疲れ，渇きを覚え，汗まみれで，今にも倒れそうだった。

ゴールにたどり着くと，目の前のテーブルの上に水が半分満たされたコップがあった。サラはそのコップを肯定的な態度と考えで見つめた。「すばらしい！　水だ！　これこそ私が必要だったものだ！　水を飲もうか，それとも頭にかけようか？」顔面に笑顔が広がった。幸せで，興奮し，嬉しくて，安心していた。

ブリトニーは同じカップの水を否定的な態度と考えで見つめていた。「おやおや！　水が半分しか入っていない？　もっと，もっとたくさんの水が必要なのに！　これはひどい！」ブリトニーの表情は曇った。すっかりうろたえてしまい，怒り，失望し，騙されたように感じ，怖かった。

この話の重要な点は以下の通りである。

- ふたりの少女は同じ状態だった。

- ふたりとも同じ状況に出会った。

- 彼らは同じ状況に対してまったく異なる経験をした。

これが意味するのは

- 彼らの経験を生じたのは状況ではなく，彼らの態度によって生み出されたそれぞれの思考であった。サラの前向きな態度は，前向きな思考を生み出し，前向きな気分を生じ，彼女にとっては前向きな経験となった。ブリトニーの後ろ向きの態度は後ろ向きの思考を生み出し，後ろ向きの気分を生じ，後ろ向きの経験となった。

- 私たちの態度が私たちの思考を生み出し，それが気分や状況の経験となる。

これを試してみよう

　それぞれの状況で，異なる思考によって生み出された気分を探し出してみよう。この思考と気分の関連が，前向きな経験を生じるだろうか，それとも後ろ向きの経験だろうか？印を付けてみよう。サラは一生懸命勉強したのだが，数学の試験の成績はC-だった。

思　考	気　分	否定的な経験	肯定的な経験
私は本当にバカだ！大学に入学できない。			
この先生は公平ではない。			
この前の試験は不合格だったのだから，私の成績は少しは上がった。			

チャーリーの弟には学習障害があり，両親はチャーリーの世話はあまりせず，チャーリーが長い時間をかけて弟の宿題の面倒を見ていた。

思考	気分	否定的な経験	肯定的な経験
それでもお母さんとお父さんが僕のソフトボールの試合に来てくれる時間があって，僕は嬉しい。			
弟はまだ赤ん坊で，手がかかる。			
両親は僕よりも弟を愛している。			

カイラは廊下でロブの姿を目にしたので「ハイ」と声をかけたが，ロブは返事をしなかった。

思考	気分	否定的な経験	肯定的な経験
ロブは何か他のことに気を取られていた。			
カールと話していて，私の声が聞こえなかったのかもしれない。			
彼はおそらく私のことをバカだと思っている。			

次にこれを試してみよう

あなたが必死で取り組んでいる状況を書いてみよう。

_____

_____

_____

_____

後ろ向きの気分と後ろ向きの経験を生み出す2つの思考を書いてみよう。

_____

_____

前向きな気分と後ろ向きの経験を生み出す2つの思考を書いてみよう。

_____

_____

もしもあなたが自分自身に対して後ろ向きな態度と後ろ向きの思考を抱いているのであれば，自分自身をどのように経験するだろうか？

_____

_____

_____

もしもあなたが自分自身に対して前向きな態度と前向きな思考を抱いているのであれば，自分自身をどのように経験するだろうか？

_____

_____

_____

自分自身をどのように考えるか，誰が決めるのだろうか？

_____

_____

誰があなたの自尊心を左右するのだろうか？

_____

_____

今日の確認

私が前向きな態度と前向きな思考を選んだら，
私は前向きな経験を生み出すことになる。

27

気分の管理が生み出す力

これを知っておこう

どのような気分であっても構わない。それを用いて何をするかが問題なのであって，それはあなたを傷つけるかもしれないし，助けてくれるかもしれない。あなたの気分に気づいたら，健康な形で気分を管理する方法を学ぶことができる。

ラケイシャはじっと座っていられなかった。胃がムカムカして，保健の授業に集中しているのが難しかった。保健の教師のエルズベリー先生がどうしたのかと尋ねた。ラケイシャはそれに答えなかったが，目には涙がたまっていた。彼女はうろたえていて，途方に暮れていたのだ。

エルズベリー先生はラケイシャをオフィスに連れて行き，ふたりきりになると「どうしたの？」と質問した。

「話したくありません」とラケイシャは答えた。

「気分を解き放たないと，ますます大きな問題になりますよ」とエルズベリー先生は言って聞かせた。

「でも，話したくないんです」とラケイシャは言った。母親が入院中だと，彼女はやっとエルズベリー先生に伝えた。父親が毎朝面会に行き，ラケイシャは妹たちの世話をしていた。母親のことが心配で，宿題に集中できず，仕上げられなかった。

「何が一番難しいの？」とエルズベリー先生は尋ねた。

「母がよくならないのではないかと心配です。でも，そんな心配をしていると，涙が出て，止まらないんです」とラケイシャは言った。「感情を恐れていると，それを無視しようとしがちです。でも，感情は消え去ることはなくて，一時的にどこかに隠れてしまうだけです」とエルズベリー先生は話した。

「感情が戻ってくると，ますます強くなってしまう。その気分を管理する計画について一緒に考えてみましょう」。エルズベリー先生は次のパンフレットをラケイシャに渡して，一緒に読んでいった。

気分を管理するための4段階の計画

1. **その気分に名前を付ける。**それはどのようなものだろうか？　悲しみ，怒り，喜び，同情，失望，困惑，嫌悪，恥，愛？

2. **その気分を受け入れる。**気分を感じることはまったく問題ない。これを忘れてはならない。「〜と感じるのは構わない」と静かに自分に言い聞かせてもよいし，声に出して言ってみてもよい。

3. **気分を表に出す。**気分を表に向かって出すことは，それを解放する唯一の方法である。あなたや他の誰かを傷つけない方法でその気分を表すことが重要である。書く，話す，身体運動，リラクセーション，泣く，歌う，絵を描くといった方法はすべて，気分を表すのに安全な方法である。

4. **健康な方法で自分の世話をする。**自分の世話をするのに今必要なことは何だろうか？ハグ，昼寝，シャワー，散歩，友人，パーティ，他者からの関心や同情だろうか？　その時に自分が必要なことは何でも試してみよう。

「自分の気分を何とかしようなんて考えたことがありませんでした」とラケイシャは言った。

「それで構わないのよ」とエルズベリー先生は応えた。「それは学んで，身につけることができます。靴の紐を結ぶことを覚えるのとまるで同じです。気分を管理するというのは，私たちが学ぶもっとも重要なスキルのひとつです。人生のどの領域でも成功と幸福に直接影響します。気分の管理に自信を持つことができれば，より健康な自尊心を持つこともできます」

これを試してみよう

　自分の気持ちがどのようなものか理解するためには，まず1週間は使えるように，以下の表のコピーを十分にとっておこう。次に，一日の自分の気分に注意を払うようにする。観察したことを記録していこう。以下のリストは自分の気分を探り当てるのに役立つだろう。どのような気分であっても構わないのだが，その気分を表すことであなたや他の人々を傷つけるようなことがあってはならない。

見捨てられ	満足	愛情あふれる	ストレス	ショック
自責	興奮	幸福	当惑	混乱
驚き	失望	勇敢	不安	孤独
イライラ	嫉妬	平穏	心配	怒り
悲しみ	怖れ	裏切り	欲求不満	懸念
スリル	恥	安心	リラックス	抑うつ

日	私が感じたこと	それを感じた 身体の部分	その気分を どう表したか
朝			
昼			
夜			

次にこれを試してみよう

　あなたが意識的に自分の気分を管理しようとしたり，あるいはそれをどうにかしようとしたりするならば，その主体はあなたになる。以下に挙げる気分に働きかけていく方法のいくつか，あるいはすべてを試してみよう。空欄にはあなた自身の考えを付け加える。しばらく時間を取って，これを終えてみよう。

あなたの気分を探り当てたならば，

＿＿＿＿　声を出して「今の私は ＿＿＿＿＿＿＿＿＿ の気分だ」とあなたの気分を言ってみる。

＿＿＿＿　それについて一段落ほど書いてみる。

＿＿＿＿　それを誰か信頼できる人に話してみる。

＿＿＿＿　色，線，紙や布，形でもって，言葉を使わずにその気分を表してみる。

＿＿＿＿　その気分に見合うならば，泣いても構わない。

＿＿＿＿　その気分を抱いている相手に手紙を書く。ただし，投函しない。

＿＿＿＿　あなたの気分を文章に書いたり，絵に描いたりした後，シュレッダーにかける。

＿＿＿＿　気分を書いた文章や，描いた絵を額に入れる。

＿＿＿＿　気分を書いた文章や，描いた絵を誰か他の人にあげてしまう。

＿＿＿＿　気分を書いた文章や，描いた絵を破ってしまう。

＿＿＿＿　気分を書いた文章や，描いた絵を丸めて，放り投げる。

＿＿＿＿　トイレットペーパーにあなたの気分を文章に書いたり，絵に描いたりした後，便器に流してしまう。

＿＿＿＿　何か安全な運動をする。たとえば，散歩，水泳，ストレッチなどをして，気分に伴うエネルギーを放出する。

_____　気分を歌う。

_____　あなたの気分を楽器で表現する。

_____　_____

_____　_____

　以上の活動を終えたら，それがあなたにとってどの程度効果があったか点を付けてみよう（1＝効果なし，10＝とても効果があった）。各活動の説明の次に点数を書きこんでいく。

今日の確認

どのような気分を抱いても構わない。
私はそれを健康な方法で管理する。

28

不快に耐えることが示す力

これを知っておこう

　あなたが不快を後ろ向きにとらえているのであれば，それを避けようとし，その潜在的な利益を失ってしまうだろう。それを前向きにとらえれば，それを克服し，自己意識や精神の力を育み，自分の目標を達成するのに役立つ，強力なスキルとなる。

　他の誰もがトニーのパーティのために着飾って来ているので，モーガンは居心地が悪かった。彼女はカットオフジーンズ姿だったのだ。裏のドアから抜け出したかったが，何週間もこのパーティを楽しみにしていた。この不快感は，拒絶されたり，バカにされたりするのではないかという恐れから生じていることをモーガンは気づいていた。何を着ていようと構わない，本当の友達はそんなことは気にしないと，彼女は自分に言い聞かせることにした。何人かが親し気に彼女をからかったが，モーガンも一緒に笑い飛ばした。しかし，その晩遅くには，自分が正しかったことが明らかになった。本当の友達は気にしなかったのだ。不快感に耐えて，自信を感じることができた。

　マットは，フットボールのトライアウトで不安を感じていた。というのも，他の皆が自分よりもはるかにうまいと思ったからである。トライアウトについて気分転換をして，帰宅した。自室に向かい，宿題をしようとしたのだが，チームに加わりたい，選考結果につ

いて誰かに聞かれたらどんなに恥ずかしいだろうかなどとばかり考えていた。マットは自尊心が砕け散るように感じていた。

ヴィッキーはショーナと親しくなったが，彼女を信じることに不安を覚えていた。ヴィッキーは以前に友達に裏切られて傷ついたことがあった。二度と誰かと親しくなるのは止めようと思っていた。しかし，ショーナはとても優しくて，ふたりには共通点が多く，一緒にいると楽しかった。ショーナに会うのを止めれば，不快感は減り，安心感が戻ると心のどこかで考えた。一方，不快感に耐えたいと思い，ショーナが自分を裏切ったりはしないとも思いたかった。ヴィッキーはどうすべきかわからなかった。

ラジオ番組に30番目に電話をしたので，デヴィッドは無料のコンサート切符を手にした。その切符を受け取ると，2枚目の無料切符を得られることがわかった。しかし，そのためには長い列に並ぶ必要があり，おそらく約1時間かかるようだった。デヴィッドは友達をコンサートに連れていきたかったのだが，知らない人々と長い間，退屈な列に並ぶことは不快に感じていた。彼は列に並ぶべきかどうか決められなかった。

これを試してみよう

もしもあなたがモーガンの状況に置かれたら，あなたの不快感がどの程度に高まるか，もっともよく描写している単語や文章に印を付けてみよう。次に，彼女の立場だったら，あなたは何をしただろうか，述べてみよう。

とても低い   低い   中程度   高い   とても高い

_____

_____

もしもあなたがマットの状況に置かれたら，あなたの不快感がどの程度に高まるか，もっともよく描写している単語や文章に印を付けてみよう。次に，彼の立場だったら，あなたは何をしただろうか，述べてみよう。

| とても低い | 低い | 中程度 | 高い | とても高い |

_____

_____

もしもあなたがヴィッキーの状況に置かれたら，あなたの不快感がどの程度に高まるか，もっともよく描写している単語や文章に印を付けてみよう。次に，ショーナに傷つけられるとは知らないために不快感を覚えることに耐えたならば，ヴィッキーは何を得ただろうか述べてみよう。

| とても低い | 低い | 中程度 | 高い | とても高い |

_____

_____

もしもあなたがデヴィッドの状況に置かれたら，あなたの不快感がどの程度に高まるか，もっともよく描写している単語や文章に印を付けてみよう。次に，列に並ぶ不快感に耐えたならば，デヴィッドが何を得ただろうか述べてみよう。

| とても低い | 低い | 中程度 | 高い | とても高い |

_____

_____

次にこれを試してみよう

　以下の状況であなたの不快感がどの程度強いか，各描写の脇に1（低）から10（高）で点数を付けてみよう。次に，不快に耐えることによって，あなたが何を得ることができるだろうか述べてみよう。

_____　筋力をつけようとして，あなたはウェイトを持ち上げている。しかし，練習の半ばですっかり飽き飽きしてしまった。

練習を続ける不快感に耐えることの利益とは：_____

_____

_____　あなたは近所の人の子守りをしているが，もう2時間延長してくれないかと電話で頼まれる。アルバイト代もよいし，あなたもお金がほしい。しかし，友達に会いに行きたい。

そのまま子守りを続ける不快感に耐えることの利益とは：_____

_____

_____　あなたのデートの相手は，面白くもなければ，優しくもない。その人から，あなたが我慢できないようなテレビ番組を見ようと言われた。

その番組を見る不快感に耐えることの利益とは：_____

_____

_____　あなたは金曜日の晩に自宅にいて，孤独である。友達から電話があり，面白そうなことをしようと誘われたのだが，トラブルに巻きこまれる恐れがありそうだ。

孤独の不快感に耐えることの利益とは： _____

_____

_____　あなたの両親がまた喧嘩をしていて，あなたの気分は落ちこんでいる。これま
でにも家出しようと考えたことがあり，今晩はそれだけが唯一の答えだと感じている。

自宅にいる不快感に耐えることの利益とは： _____

_____

_____　あなたは卒業のために，以前に落第した授業を再履修しなければならない。あ
なたはその科目が嫌いで，教師とも相性が悪い。

授業を再履修する不快感に耐えることの利益とは： _____

_____

あなたがこれまでに不快感に耐えて，何かを得たという状況に印を付ける。次に，それが
起きた時のあなた自身のストーリーを書いてみよう。

歩き始めた	歯科医を受診した
いつもより早く目覚めた	退屈な仕事をした
知らない人に話しかけた	自分の非を認めた
試験勉強をした	困っている人を助けた
助けを求めた	新しい活動を試みた
休暇をとった	恐怖に立ち向かった

私のストーリー

_____

_____

_____

_____

_____

あなたの人生で，不快感に耐えなければならないか否かを決めなければならないような状況について書いてみよう。不快に耐えることがもたらす利益について述べてみよう。

_____

_____

_____

_____

_____

今日の確認

私は不快を耐えることができるし，
そこから何かを得ることができる。

責任が持つ力

これを知っておこう

あなたの人生について他者や外部の状況を非難するのは，自分の力を放棄して，後ろ向きの態度や絶望感につながる。自分の人生に対する責任を受け入れるということは，自分の思考，気分，行動に責任を持つことを意味する。それによってあなたの力は増し，本来の自分へと成長していくことになる。

コナーの国語教師のジョーダン先生は彼に授業後に残るようにと言った。コナーはいつも作文が得意で，国語の成績がAの生徒だったが，ここしばらくは，授業に遅れてきたり，授業に参加しようとしなかったり，欠席することさえあった。どこか具合が悪いのかとジョーダン先生は尋ねた。

「たくさんの問題を抱えています」とコナーは答えた。「コーチが技術に口うるさくて，僕はバスケットボールの選手になれなかった。それに，母は僕がほとんど知らないような男と再婚することになりました。僕の人生を台無しにした，こういった人たちに本当に腹が立っています。そして，奴らは今度は僕の成績にまで台無しにしようとしている」

「それは大変だ」とジョーダン先生は言った。「君が腹を立てていることを，私は責めるつもりはない。でも，君が不幸せで，成功していないからといって，君は他の人たちを責めている」

　「でも，あいつらのせいです」とコナーは言った。「コーチにもっと常識があれば，僕は選手に選ばれていたでしょう。母が馬鹿なことをしなければ，僕は授業に専念できる」

　「人生の何かが気に入らないと，他の人を責めるほうが簡単だと思えるように感じるものだよ」とジョーダン先生は言った。「そうすると，自分では何も変える必要がないからね。しかし，他者を非難すると，自分を無力な犠牲者にしてしまう。これでは不健康な自尊心を育んでしまう。というのも，心の奥底で，自分の幸せは自分で作り出すものであって，他の人に作ってもらうものではないと，誰もが承知しているからだ」

　「でも，コーチも母も自分たちを変えようなどとはしない。あの人たちのやっていることは僕には大いに影響がある。僕は彼らには何の影響を及ぼすこともできない」とコナーは述べた。

　「だから自分の力を取り戻すんだ」とジョーダン先生は言った。「自分ならば，コーチとは異なる方法でチーム作りができるし，君の腕をよくすることもできると伝えなさい。お母さんには，君がどのように感じていて，お母さんの選択が君の幸福に影響を及ぼさないことを話しなさい。自分自身の行動と気分に責任を持つのだ。他者を非難することは，否定的な態度と無力感を呼ぶ。責任を取ることで，君はさらに成長し，本来の自分になって，真の能力を発揮できるだろう」

これを試してみよう

グレッチェンは喫煙が見つかって，停学となった。兄がタバコをくれたからだといって，彼女は兄を責めた。

グレッチェンはどのようにして力を取り戻すことができるだろうか？

_____

_____

スコットは歴史の試験が不合格だった。解説書を渡してくれなかったといって，歴史の教師を責めた。

スコットはどのようにして力を取り戻すことができるだろうか？

_____

_____

ペイジは午後10時が門限であるのに，3晩続けて遅く帰宅した。門限が早すぎるといって，ペイジは両親を責めた。

ペイジはどのようにして力を取り戻すことができるだろうか？

_____

_____

ジョーは誰にも言わないようにと言っていた秘密を，イーサンが他の人に話してしまったといって腹を立てていた。そもそも秘密を教えたのが悪いといって，イーサンはジョーを責めた。

イーサンはどのようにして力を取り戻すことができるだろうか？

_____

_____

ローラの自尊心は低い。両親があまりにも口やかましいからだといって，ローラは両親を責める。

ローラはどのようにして力を取り戻すことができるだろうか？

_____

_____

次にこれを試してみよう

　自分の行為に対して他者を責めたいとあなたが感じた状況に印を付けてみよう。

_____　　私は爪先をぶつけてしまう。

_____　　私は本を落とす。

_____　　私は歩道でよろける。

_____　　私は試験やレポートの成績が悪い。

_____　私は飲み物をこぼす。

_____　私は兄弟姉妹と喧嘩をする。

_____　私は腹を立てる。

_____　私は誰かにぶつかる。

_____　私は用事をするのを忘れる。

_____　私は寝過ごす。

_____　私はスポーツの試合でエラーをする。

_____　私は宿題を忘れる。

_____　私は宿題をなくしてしまう。

_____　私の寝室は散らかっている。

_____　私はうっかり窓，ランプ，他の品を壊してしまう。

_____　私は授業に遅刻する。

_____　私は携帯電話の使用制限を超えて使ってしまう。

あなたの責任であるものに印を付けてみよう。それ以外にもあれば，自分の言葉で書いてみる。

私の気分　　　　　　　　　私の行動　　　　　　自分自身について感じていること
私の仕事　　　　　　　　　私の信念　　　　　　私が他の人とどう関わっているか
自分とどう関わっているか　私の用事　　　　　　私の学業

_____　　_____

_____　　_____

あなたの不幸について，あなたがつい責めてしまう人の名を挙げてみよう。

自宅

_____

_____

学校

_____

_____

交友関係

_____

_____

不健康な自尊心がどこから生じているのか，あなたはすでに気づいているかもしれない。これは理解であって，非難ではない。それに気づいたのであれば，修復の作業に取り組むのはあなたの課題である。より健康な自尊心を育むためにあなたが責任をもってできることを書いてみよう。

_____

_____

_____

あなたはどのような思考を変化させる必要があるだろうか？

_____

_____

_____

あなたはどのような行動を変化させる必要があるだろうか？

_____

_____

_____

別の紙に，あなたが責めたことのある人に宛てた手紙を書いてみよう。あなたが力を取り戻したことをその人に伝えよう。（その手紙を実際に送るかどうかは，自分で決めてほしい。）

今日の確認

自分の行動に責任を持つことによって，
私は自分の力を保つ。

直観の持つ力

これを知っておこう

　あなたの直感，すなわち「心の中の声」を発見し，それに耳を傾けると，本来の自分やあなたにとっての正しい道につながる。本来の自分を信じるようになると，自分自身の道を知り，それを歩むことになる。

　自分にとって何が正しいかということに関して，強く，深い感覚を抱くことがある。自分はずっと教えたかった，医療に従事したかった，山に登りたかったといった具合にである。特定のスポーツや趣味にとくに惹かれることもあるだろう。それについて考えてみても，なぜこれをしたいのかよくわからないかもしれない。ただ，それをすごくしてみたいと思い，その活動をしていると，気分がよい。

　何かの決断に際して，強く，深い感覚を覚えることがあり，ある決断は正しく，他の決断は正しくないと分かっている。何かが起きるという強い感覚もあるだろう。もうすぐマリアが電話してくるとか，私はもうすぐここに戻ってくると考えることもあるだろう。

　この強く，深い感覚は直観と呼ばれる。直観の伝えるメッセージは，身体の中にも感じられるし，心の中にも聞こえる。このようなメッセージは論理的ではないこともある。私たちはそれに従わないこともあり，私はそうしなければよかったと知っていた，なぜ私は自分の直感に従わなかったのだろうかなどと考えることがある。

　直観の伝えるメッセージに注意を払えば，本来の自分を見出す手助けとなる。本来の自分に忠実であることによって，健康な自尊心を育み，それを保つことに役立つ。

これを試してみよう

深く考えずに，あなたの第六感や直感だけに頼って，自分にとって正しい答えに印を付けてみよう。

あなたにはどの色がもっとも気に入るだろうか？

赤　　　オレンジ　　　黄　　　緑　　　紫　　　茶　　　黒　　　白

あなたにはどの形や線がもっとも気に入るだろうか？

○　　　□（横長長方形）　　　△　　　□（正方形）　　　〰　　　┐

あなたにはどの数字がもっとも気に入るだろうか？

6　　　3　　　10　　　2　　　5　　　8　　　4　　　9　　　7　　　1

あなたにはどの図形が気に入るだろうか？

♡　　　☆　　　⇒　　　☾　　　☮　　　☺　　　⚡

あなたにはどの書体が気に入るだろうか？

この書体　　　**この書体**　　　この書体　　　**この書体**　　　この書体

とくに理由もなく，あなたがすぐに打ち解けることのできる人の名前を挙げてみよう。

_____

_____

_____

自分がなりたいものが，建築家，親，旅人，あるいは芸術家であると深く気づいている人がいる。あなた自身の将来について深い確信があれば，それを書いてみよう。

_____

_____

_____

あなたの身体に答えを「感じた」ように思った時のことを書いてみよう。それは胸が苦しくなったり，心臓の鼓動が早まったりといったことかもしれない。

_____

_____

_____

まるで磁石が引き付けつけられるように，あなたが何かや誰かに惹きつけられるように感じた時のことを書いてみよう。

_____

_____

_____

直観が自分に語りかけてくることに気づいた，あなたの人生の他の時のことを書いてみよう。

_____

_____

_____

次にこれを試してみよう

　これから数日間，自分の直観に注意を払って，すべて書き出してみよう。直観は必ずしも論理的ではない。それは論理的に知ったというよりは，直感した思考や感情である。たとえば，雨が降る予感がする，大方の予想に反して，私たちが相手に勝ちそうな気がする，といったものである。

重要な注：直感があなたに命じるものが，違法で，不道徳で，非倫理的で，トラブルになりそうであるのならば，それをしてはならない。真の直感が否定的な結果をもたらすことはめったにないので，それは誤った方向に導く考えであることがほとんどだ。

第1日目の直観 _____

_____

第2日目の直観 _____

_____

第3日目の直観 _____

_____

知的な考えを聞き流し，心の中の声を聞くようにするために，次のような練習をする。そ
れを終えたら，各活動があなたにとってどんなものであったか書いていく。

- 数枚の白紙かコンピュータの前に静かに，リラックスして座る。心を静めていき，
「私は _____ について覚えている」と書く。心に浮かんだ考え
に従う。何かを考えたり，判断したりしないで，心に浮かぶことを書き続ける。あ
なたが習ってきた綴り，文法，句読点，書き方の規則などは気にしない。直観に従
い，心に浮かぶものを書きとめる。気に済むまで，書き続ける。

_____

_____

- 静かに，リラックスして座り，目を閉じる。数回深呼吸して，心に浮かぶ光景を見
つめる。どのようなものであれ，自分の想像力に身を任す。心に浮かんだことにつ
いて何に気づくだろうか？

_____

_____

- 一日のうちのいつでも，しばらくの間，活動を止めて，自分自身に注意を払ってみる。自分の心拍や呼吸を感じてみる。筋肉の活動に注意を払い，次にその緊張を解く。目をつぶり，あなたの身体のエネルギーを感じてみよう。自分の心の中に注意を払い，ただ耳を傾ける。あなたが受け取った心の中からのメッセージに注意を払う。

- あなたが他の人々や状況にどのように反応しているかに注意を払う。自分が頑固な考えに拘っていることに気づいたら，それを解き放して，心を開こう。つねに脳から解答を引き出そうとするのではなく，直観に基づいて，答えや行動を起こすようにする。これはあなたにどのような影響をもたらすだろうか？

- そうすることが安全で健康であるならば，喜びをもたらすような選択をする。喜びの感覚は，幸福よりも深くて，多くを含む。真の喜びの感覚は，一般に自分の直観に従い，元来の自分に忠実であることを示すサインである。

今日の確認

直観は，元来の自分からのメッセージである。

③31

感謝の持つ力

これを知っておこう

　感謝とは，相手からしてもらったことに対して御礼や謝意を述べる態度である。感謝の態度を示す時に，自分の人生のよきことに注意を払い，それを喜ぶ。これは，自分の置かれた状況や自分自身についての幸福感と心の平穏のレベルを増す。

　トロイは代り映えしない毎日にすっかり嫌気がさしていた。両親が用事をするようにとガミガミ言うので，朝，ベッドから起き上がるのが嫌だった。退屈な教師の授業を聞いて，教室で座っているのも耐えられなかった。放課後アルバイトに行き，棚に商品を補充し，知らない客に愛想よくするのも嫌だった。夜，部屋で机に向かい，どうでもよい宿題をする振りをするのも嫌だった。トロイが幸せに感じるのは，ガールフレンドのカーリーと一緒にいる時だけだった。しかし，最近では，カーリーさえもトロイの機嫌を直すことができなかった。

　「もう嫌」とカーリーはトロイに言った。「あなたは何かに文句ばかり言っている。両親や，授業や，アルバイトについての愚痴はもう聞きたくない。あなたの人生はそれほどひどいものではないわ，トロイ。どうして与えられたことに素直に感謝できないの。それに，もう私にもありがたいとは思っていないわね。おそらく，もうそれほどデートしないほうがいいわ」

　「待ってくれ」とトロイは言った。「ひどく落ちこんでいて，ごめん。幸せを感じる理由がまったく見つからないんだ。君を失いたくない。でも，どうやって自分の人生を変えたらよいのかわからない」

　「あなたの人生を変える必要なんかないわ」とカーリーは言った。「ただあなた」の態度を変えればいいのよ。愚痴を言う代わりに，感謝するの。よいことに集中するのよ。あなたは孤児ではなくて，両親がいることを喜びなさい。元気で学校に行けることを喜びなさい。今でも，どこかの病院に入院している子どもがいて，ぜひともあなたに代わって，退屈な授業を受けたいと思っているはずよ。仕事を持っているからこそ，自動車にガソリンを入れられるし，ショッピングモールや映画にも行けるのよ！」

　「君の言う通りだ」とトロイは言った。「君のように考えると，僕には感謝すべきことがたくさんあると分かった。この態度を続けていきたい」

　「あなたの人生のよいことに集中すればいいのよ」とカーリーは言った。「そうすれば，今よりも幸せで，周りの人に親切になれるはずよ」

これを試してみよう

　トロイのように，私たちの大多数はあまりにも多くのことを当たり前にとらえている。そして，幸運にも手にしていることを忘れている。以下に挙げるようなことを手にしていない人も多い。これらのうちのどれかがなかったら，どのようであるか考えて，あなたが感謝するものに印を付けてみよう。

視覚	住居	冷蔵庫の中の食品
友達	聴覚	眠るためのベッド
話す能力	言論の自由	味覚
家族	読む能力	教育
脳の機能	愛する能力	自力で呼吸する能力

以下の文章を完成させてみよう。

私が感謝しているのは _____

_____

私が幸運だと感じている理由は _____

_____

私が本当に感謝していることは _____

_____

私がいつも感謝していることは _____

_____

あなたのよい点を見つけて，それに感謝するようにしよう。以下のそれぞれの領域で，あなた自身について感謝していることを3つ挙げてみよう。

身体的

1. _____

2. _____

3. _____

精神的

1. _____

2. _____

3. _____

霊的

1. _____

2. _____

3. _____

次にこれを試してみよう

　翌週は，あなたの人生のよい点について注意を払ってみよう。毎晩，眠る前に，その日に起きた感謝すべきことを5つ書き出してみる。「ベッドから起き上がることができた」から「リレーで勝った」や「今日は快晴だった」まで何でもよい。眠りに就くまで多くのことを思い出すようにする。

第1日目

1. _____

2. _____

3. _____

4. _____

5. _____

第2日目

1. _____

2. _____

3. _____

4. _____

5. _____

第3日目

1. _____

2. _____

3. _____

4. _____

5. _____

第4日目

1. _____

2. _____

3. _____

4. _____

5. _____

第5日目

1. _____

2. _____

3. _____

4. _____

5. _____

第6日目

1. _____

2. _____

3. _____

4. _____

5. _____

第7日目

1. _____

2. _____

3. _____

4. _____

5. _____

週の終わりに，自分の人生のよい点に集中したことがいかに自分に影響を及ぼしたか書いてみよう。

_____

_____

_____

今日の確認

私は自分の人生のよいことすべてに焦点を当てる。

32

共感の持つ力

これを知っておこう

　共感（コンパッション）とは，相手を深く思いやり，大切にすることを意味する。あなた自身を含めてすべての人間に対して共感できる能力は，健康な自尊心の中核である。

　人間は皆生まれてきて，そしていずれ死んでいく。誰もが成功したい，幸せになりたいと願っている。皆が自分を善と感じ，愛されたいと思っている。最大の平穏と最小の苦痛をもたらそうと，すべての人が必死になって闘っている。そして，自分の持っているものを活用して，全力を尽くしている。

　ほとんど基本的な点で，すべての人は，身体的，情緒的，霊的に，本質的に同様にできている。全員がこの人生の経験を共有している。他の誰よりも偉大な者もいなければ，卑小な者もいない。皆がよく似ていて，本質的な衝動や本能は共通していると認識できると，共感の才能が開花する。

　自分自身に対する不全感を抱かないようになると，共感が沸き上がってくる。他者を脅威と感じないようになると，他者への共感が生じる。長所も短所も含めて，たとえどのようなものであっても，自分自身を愛し，そのまま認めて，人間の状況を受け入れると，自分自身に対する共感を抱くようになる。すべての生物に対する共感は，健康な自尊心を育むことに役立つ。

これを試してみよう

　以下の人や動物それぞれに対してあなたが感じる不安や共感を，1（低）から10（高）の尺度で点数を付けて，あなたが経験した気分を記録していく。以下の表から気分を選んでもよいし，自分の言葉で表現してもよい。

苦痛	悲しさ	絶望感	怒り

1. 親が亡くなった，あなたの友人

不安／共感：＿＿＿＿＿＿　　　気分：＿＿＿＿＿＿＿＿＿＿＿＿＿＿＿＿＿

2. 雨の中を脚を引きずりながら通りを歩いている子犬

不安／共感：＿＿＿＿＿＿　　　気分：＿＿＿＿＿＿＿＿＿＿＿＿＿＿＿＿＿

3. ハリケーンですべてを失ったというニュースで取り上げられた人

不安／共感：＿＿＿＿＿＿　　　気分：＿＿＿＿＿＿＿＿＿＿＿＿＿＿＿＿＿

4. 末期疾患の子ども

不安／共感：＿＿＿＿＿＿　　　気分：＿＿＿＿＿＿＿＿＿＿＿＿＿＿＿＿＿

5. 年老いたあなたの祖父母

不安／共感：＿＿＿＿＿＿　　　気分：＿＿＿＿＿＿＿＿＿＿＿＿＿＿＿＿＿

6. 親からひどく叱られているあなたの弟妹

不安／共感：＿＿＿＿＿＿　　　気分：＿＿＿＿＿＿＿＿＿＿＿＿＿＿＿＿＿

7. 目の見えない子猫

不安／共感：＿＿＿＿＿＿　　　気分：＿＿＿＿＿＿＿＿＿＿＿＿＿＿＿＿＿

8. 通りで見かけたホームレスの人

不安／共感： ＿＿＿＿＿　　　　　　気分： ＿＿＿＿＿＿＿＿＿＿＿＿＿＿＿

9. 高速道路で自動車が故障した人

不安／共感： ＿＿＿＿＿　　　　　　気分： ＿＿＿＿＿＿＿＿＿＿＿＿＿＿＿

10. 身体的に虐待されている家畜

不安／共感： ＿＿＿＿＿　　　　　　気分： ＿＿＿＿＿＿＿＿＿＿＿＿＿＿＿

次の項目から，あなたが共感をもって話す時に使うと思われるものをチェックしてみよう。

☐ 「あなたにこんなことが起きてお気の毒でした」

☐ 「大丈夫ですよ」

☐ 「何かお手伝いしましょうか？」

☐ 「私が何かその手助けをしましょう」

☐ 「あなたは平気ですか？」

☐ 「あなたのことが心配です」

☐ 「私にできることを言ってください」

☐ 「すぐによくなりますよ」

☐ 「私は助けたい」

☐ 他： ＿＿＿＿＿＿＿＿＿＿＿＿＿＿＿＿＿＿＿＿＿

気楽にできそうな，共感に満ちた行為に印を付けてみよう。

話を聞く	注意を払う	金銭の援助をする
ハグする	時間を割く	エネルギーを使う
感情面のサポートをする	他： ＿＿＿＿＿＿＿＿＿＿＿	

前述の状況から2つを選んで，あなたは人や動物に共感をもってどのように接するだろうか？

番号 _____

私は次のように言うだろう _____

私は次のようにするだろう _____

番号 _____

私は次のように言うだろう _____

私は次のようにするだろう _____

次にこれを試してみよう

自分自身に共感をもって接したら，あなたの考えや気分はどのようなものになるだろうか？

_____

_____

_____

あなたは自分自身に共感を向けることに慣れていないかもしれないが，どのようにして他者に共感をもって接するかを知れば，自分自身に対してもそのようにできる。前述した共感的な言葉や行為について考えてみて，以下のような状況で，あなたは自分自身に対してどのように共感を示すことができるだろうか？

誰かがデートを拒んだ。

_____

_____

あなたは発表の時に言葉を忘れた。

_____

_____

あなたはチームが作れない。

_____

_____

あなたは孤独である。

_____

_____

先生に指名されたが，あなたは答えを間違えてしまう。

_____

_____

あなたには大変な一日だった。

_____

_____

最近必死になって取り組んでいた問題について考えてみよう。別の紙に，この件に関して，自分自身に共感あふれる手紙を書く。親友に使うような共感あふれる単語や気分を手紙に含めてみよう。

今日の確認

自分自身に共感をもって向き合うことは，
健康な自尊心の行為である。

可能性の持つ力

これを知っておこう

　あなたの人生に制限を加えるのは自分自身の考えだけである。すべての瞬間，状況，人に無限の可能性を見出すことができれば，成長し，変化し，自分の願う何にでもなる能力がある。

　ジョシュはブライン叔父と釣りをしていた。ふたりの会話は家族のビジネスに及び，父親がいつかジョシュに家業に加わってほしいと思っていると不平を言った。彼にはまったく興味がなかったのだ。授業にも，放課後のアルバイトにも，バスケットボールのチームにもまったく関心がなかった。人生にすっかり行き詰って，家出したいと思うこともあった。

　ブライン叔父はなぜジョシュが変えようとしてこなかったのかと尋ねた。

　「不可能だよ」とジョシュは言った。「僕が一番年上だから，家業を継ぐのが当然だと，お父さんは期待している。大学に進学するには，とくに興味も持てない授業も受けなければならないんだ。本当は警察学校に入りたい。まるで経験がないので，ファストフード店で働くしかない。バスケットボールを止められないのは，小学生のころからプレイしているからだよ」。「やたらと『〜しなければ』『〜できない』が出てくるな」とブライアン叔父は指摘した。「お前はとても狭い視点から人生をとらえているようだね」

　「どういう意味？」とジョシュは尋ねた。「どうやったら別の視点から人生をとらえるこ

とができるの？」

「罠ではなくて，可能性を見るのだ」とブライアン叔父は指摘した。「お父さんと話して，将来自分が本当に何をしたいかを説明するのだ。別の授業をとって，警察の仕事に備えるように軌道修正をする。別のアルバイトを探して，何が起きるか見てみよう。新しいスポーツを始めるか，あるいは，しばらくスポーツをしないでおくのもよいかもしれない」

「でも，僕は行き詰っている」とジョシュは応えた。「何もけっして変わらない」

「お前は自分の考え方に囚われきっている」とブライアン叔父は指摘した。「実のところ，瞬間，瞬間に，無限の可能性がある。今日，釣りをしようと決めたけれど，いつでもそれは変る可能性がある。すぐに帰宅することになるかもしれないし，あるいは桟橋に横になって，昼寝をするかもしれない。私がお前を水の中に投げこんで，その後，私も水の中に飛びこんで，一緒に泳ぐかもしれない」

「お前は，家族，経験，自分の性格にすっかり罠にはめられたように感じているけれど，実は自分自身の考えに囚われきっているんだ。さまざまな選択肢があることを信じれば，それが見えてくる。無限の可能性に心を開いていれば，それを広げて，成長できるし，自分の目の前に広がっているどのような道も選ぶことができる」

これを試してみよう

　平均的な一日にあなたがすることを10個書き上げてみよう。一つひとつについて，あなたにできる他の選択肢を書いてみよう。かならずしも実際にすることである必要はなく，新たな可能性に向けて心を開くのだ。たとえば，いつもはベッドの右側から起き上がるのならば，足元から起きてみる。いつもは「ハイ」と呼びかけるのであれば，「ヘイ」とか「ハロー」とか言ってみよう。いつもとは異なる視点から考えるという練習をしてみよう。

通常の活動	他の選択肢
1. ＿＿＿＿＿＿＿＿＿＿	1. ＿＿＿＿＿＿＿＿＿＿
2. ＿＿＿＿＿＿＿＿＿＿	2. ＿＿＿＿＿＿＿＿＿＿
3. ＿＿＿＿＿＿＿＿＿＿	3. ＿＿＿＿＿＿＿＿＿＿
4. ＿＿＿＿＿＿＿＿＿＿	4. ＿＿＿＿＿＿＿＿＿＿
5. ＿＿＿＿＿＿＿＿＿＿	5. ＿＿＿＿＿＿＿＿＿＿
6. ＿＿＿＿＿＿＿＿＿＿	6. ＿＿＿＿＿＿＿＿＿＿
7. ＿＿＿＿＿＿＿＿＿＿	7. ＿＿＿＿＿＿＿＿＿＿
8. ＿＿＿＿＿＿＿＿＿＿	8. ＿＿＿＿＿＿＿＿＿＿
9. ＿＿＿＿＿＿＿＿＿＿	9. ＿＿＿＿＿＿＿＿＿＿
10. ＿＿＿＿＿＿＿＿＿＿	10. ＿＿＿＿＿＿＿＿＿＿

以下の一覧から，あなたが罠にかかったと感じる考え方に印を付けるか，自分自身の言葉で書いてみよう。次に，心を開いて，その代わりに選ぶことができる，新たな考えを書いていく。

「私は負け犬だ」＿＿＿＿＿＿＿＿＿＿＿＿＿＿＿＿＿＿＿＿＿＿＿＿＿＿

「私は変わることができない」＿＿＿＿＿＿＿＿＿＿＿＿＿＿＿＿＿＿＿

「私は悪い」＿＿＿＿＿＿＿＿＿＿＿＿＿＿＿＿＿＿＿＿＿＿＿＿＿＿＿

「私はバカだ」＿＿＿＿＿＿＿＿＿＿＿＿＿＿＿＿＿＿＿＿＿＿＿＿＿＿

「私は何もきちんとできない」＿＿＿＿＿＿＿＿＿＿＿＿＿＿＿＿＿＿＿

「私はまともになんてなれない」 _____

他： _____

_____

_____

次にこれを試してみよう

　心を開くというのは，ドアを開けるようなものである。大きく開ければ開けるほど，さらに多くが見えてくる。あなたが今いる部屋のドアのところに立ってみる。1インチだけドアを開けて，その隙間から眺めてみる。見えるものを以下の空欄に書きこんでみよう。

ドアを6インチ開けてみる。目に入るものの数を数えてみる。

_____

ドアを3フィート開いてみる。目に入るものの数を数えてみる。

_____

あなたが罠に囚われた状況を一覧にしてみる。

_____

その一覧からひとつを選び出して，それを罠に囚われた視点から書いてみる。（あなたの心のドアは1インチしか開いていない。）

_____

_____

_____

心のドアを6インチ開ける。目に入る新たな可能性について書いてみよう。

_____

_____

_____

心のドアを3フィート開ける。目に入る新たな可能性について書いてみよう。

_____

_____

_____

もしも可能性が無限であれば，明日はあなたの目に何が映るだろうか？

_____

_____

_____

来週は？

_____

_____

_____

来年は？

_____

_____

_____

もしも可能性が無限であれば，あなたは自分についてどのように考えることを選択するだろうか？

_____

_____

_____

今日の確認

私はつねに無限の可能性の中から選択することができる。

34

思考の持つ力

これを知っておこう

思考はつねに，何かを起こそうとする第一歩である。思考の持つ力を認識すると，自分の望む人生を創る手助けとして活用できる。

あなたがしていることや，これまでにしてきたことは，まず考えることから始まる。映画を観るとすると，まずそうしようと考えたからである。服を着るとすると，それを着ようとまず考えたからである。誰かとの関係があるとすると，それはまずその人に話しかけようと考えたからである。

一般に，願望という考えを持ち（囫 私はピザが食べたい），次に意志という考えが続き（囫 私はピザを作ろう），そして，行動が起きる（囫 冷凍庫からピザを取り出し，電子レンジに入れる）。

願望と意志という考えを持つが，行動を起こさなかったために，目標が達成できないこともある。ピザを作るには，ソファーから起き上がらなければならない。あなたは自分が無力だと感じることがあるかもしれない。無力感に圧倒されたり，自分の望むことはけっして成し遂げられないと信じたりするかもしれない。あなたは人生がひどいもので，それに対してできることは何もないと感じているかもしれない。あなたは自尊心を変えることができないと思っているかもしれないが，それがあまりにも長く続くと不健康である。

　人生の多くのことはコントロールできないというのも事実である。人は死に，離婚し，裏切り，拒絶し，傷つける。けっして望んでもいないような，困難で破壊的な状況も起こり得る。

　しかし，自らコントロールできないような何が起きようとも，自力でコントロールできることがある。目標を達成するために，私たちは意志と行動を選択することができる。

これを試してみよう

　この経路は，思考から結果へとつながる複数の段階を図示している。願望という思考（例　私はスキーができるようになりたい）から始まる。次に，意志という思考が起きる（例　私はスキーのレッスンを受けようと考える）。さらに，具体的な行動の段階となる（例　入会書に署名する。実際にレッスンを受ける）。そして最後に結果が生じる（例　坂をスキーで滑り降りる）。

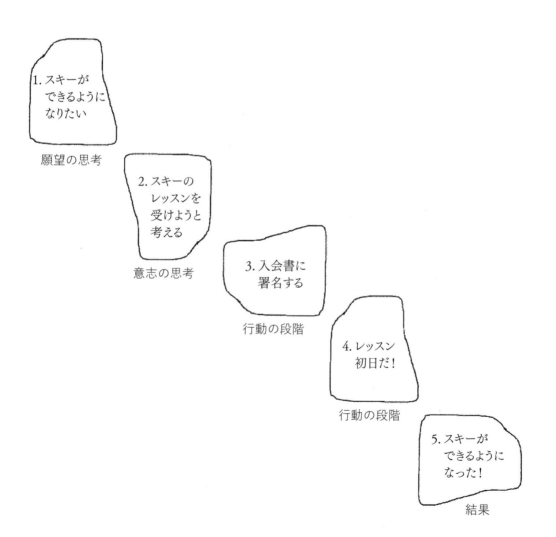

1. スキーができるようになりたい

願望の思考

2. スキーのレッスンを受けようと考える

意志の思考

3. 入会書に署名する

行動の段階

4. レッスン初日だ！

行動の段階

5. スキーができるようになった！

結果

　以下に描いた結果のそれぞれの経路を書いてみよう。2つ以上の行動の段階が必要となることがしばしばであるが，ここでは行動は2つだけとしておく。

2人の友達がとても有名なバンドの切符を手に入れる。

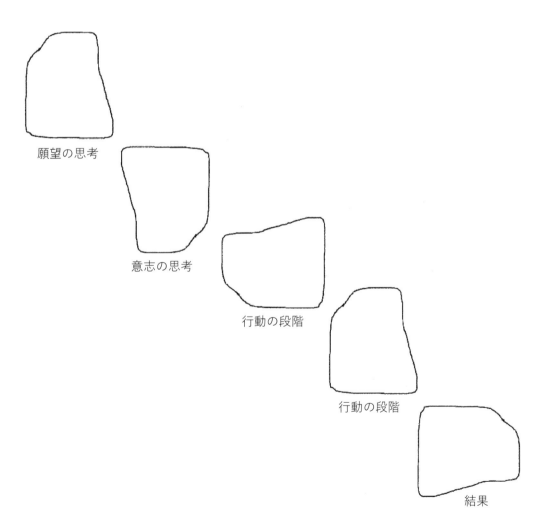

願望の思考

意志の思考

行動の段階

行動の段階

結果

誰かが新しい服を買う。

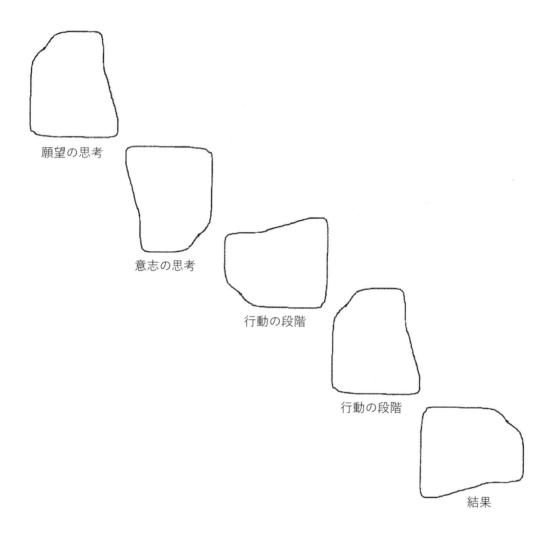

願望の思考

意志の思考

行動の段階

行動の段階

結果

プログラマーが新しいコンピュータゲームを開発する。

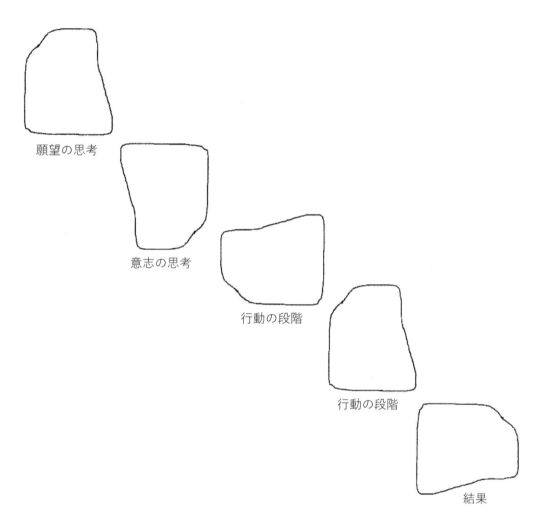

願望の思考

意志の思考

行動の段階

行動の段階

結果

新大統領が政権の座に就く。

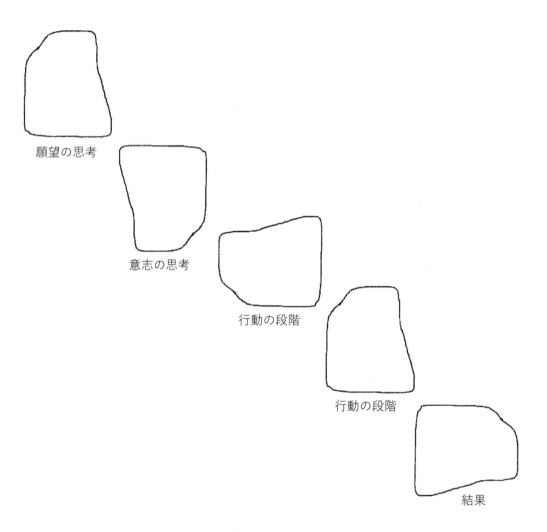

願望の思考

意志の思考

行動の段階

行動の段階

結果

次にこれを試してみよう

あなたの人生で，ある考えから始まった5つのことを書き上げてみよう。歩くことを覚えるから，ボーリングに行く，受賞するまで，さまざまなことがあるだろう。

1. _____

2. _____

3. _____

4. _____

5. _____

今朝あなたがしたことで，考えから始まった5つのことを書き上げてみよう。

1. _____

2. _____

3. _____

4. _____

5. _____

あなたの人生で起きてほしいことの経路を書いてみよう。

願望の思考 _____

_____

意志の思考 _____

_____

行動の段階 _____

_____

結果 _____

あなたにとってより健康な自尊心を育むための経路を書いてみよう。

願望の思考 _____

_____

意志の思考 _____

_____

行動の段階 _____

_____

結果 _____

今日の確認

思考から始めることで，私は自分の目標を達成する。

確信の持つ力

これを知っておこう

　確信とは，強く信じ，疑いを持たないことである。自分自身と自分の目標について深く信じていれば，目標を達成させて，夢を追い，自分に忠実であり続ける力を手にすることができる。

　ベサニーには辛いことがたくさんあった。さまざまな心臓の問題を抱えて生まれてきて，5歳になるまでに何度も手術を受けなければならず，多くの活動に参加するのを控えた。事態が悪化すると，父親は家族を捨てて家を出ていき，母親が働いて，娘たちを養った。母親には保育園や子守りを頼む経済的な余裕がなかったため，ベサニーと妹のティアは放課後はしばしば放っておかれた。そんな午後は，彼女たちは祖母のジェンとインターネットでしばしばチャットをして過ごした。祖母は彼女たちの宿題を助けたり，励ましたり，知恵を授けたり，時には孫たちを笑わそうと面白い話を聞かせてくれた。

　祖母のジェンは人生で多くの経験をした。母親が交通事故で亡くなったため，妹たちの世話をしなければならず，祖母は中学2年生で学校をやめた。妹たちが成長すると，祖母は高校卒業資格を取り，その後，祖父のジョニーと出会った。ジョニーが出征するまでに，彼らには2人の子どもが生まれた。戦争のために，ジョニーはうつ病になり，病気に耐えようとしてアルコールに頼るようになった。ジョニーが帰国すると，ジェンは夫を支え，

治療を受けさせて，アルコール嗜癖から立ち直らせた。

　「人生にはいつもさまざまな問題があるのよ」と祖母のジェンはベサニーとティアによく言った。「問題をすべて取り除くことはできないので，それをどう取り扱うかを身につけなければならない。大変な時にあなたたちがしなければいけない一番大切なことは，けっして諦めないことなのよ！　友達，学校，健康，家族との問題をいっぺんに抱えるかもしれない。人から馬鹿にされ，何とかそこから立ち上がろうとしても，また貶められるかもしれない。でも，かならずうまくいくという強い心を持っていれば，きっとうまくいく」

これを試してみよう

　この額の中の体の線はあなた自身である。力強くて，確信を持ったあなたを描いてみよう。自分自身の揺るぎない確信を示すように，色，線，形，トーンを工夫する。

この絵の周りに，確信の言葉を書きこんでみよう。以下の単語から選んでもよいし，自分
自身の単語を書きこんでもよい。

「私は自分を信じている」　　　「よい結果が生まれると信じている」

「私は落胆などしない」　　　　「よいことが起きると信じている」

「私は絶対に諦めない」　　　　「＿＿＿＿＿＿＿＿＿＿＿＿＿＿＿」

次にこれを試してみよう

あなたが人生で達成したことを書き上げてみよう。たとえば，それは精神的，身体的，霊
的なものかもしれないし，友達，学校，活動に関連したものかもしれない。最初に，達成
するのが2番目に難しかったことから始めてみよう。この目標を達成する前に諦めてしまっ
たら，あなたの人生はどのように異なっていただろうか？

_____

_____

_____

_____

_____

　あなたの達成したことをひとつ選んで，以下の図に書きこんでみよう。絵の線に沿って
達成したことを書いていく。障害コースのスタート地点にあなたを描く。コースのゴール
にあなたが達成したことを書くか，描く。各障害には，目標を達成するために克服しなけ
ればならなかったことを書くか，描いていく。（たとえば，国語の授業で合格点をとったの
であれば，障害物は，試験，レポート，厳しい先生などになるだろう。）

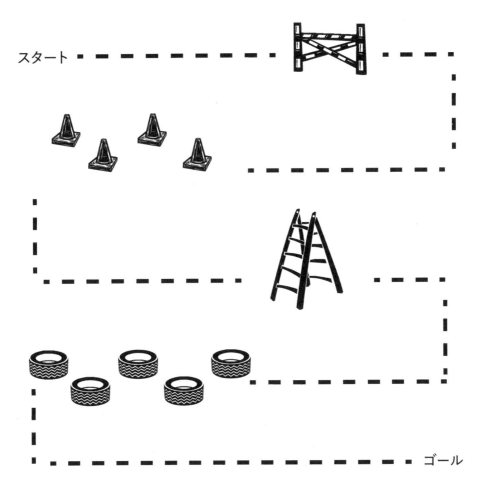

　次の図の下の部分に，あなたが現在直面している問題を見出しとして書く。障害コースのスタート地点にあなたを描く。ゴール地点にあなたの目標を書くか，描く。一つひとつの障害には，あなたの目標達成を難しくするようなことを書くか，描いてみる。

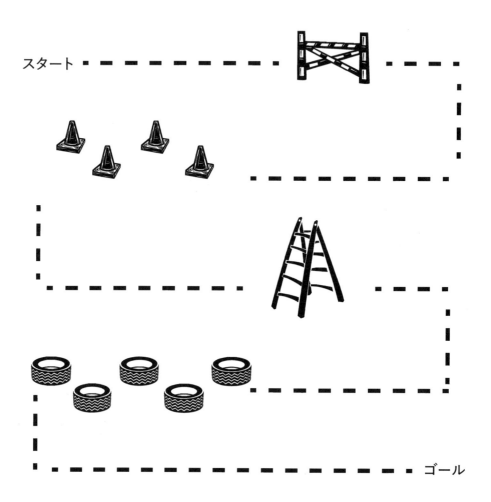

今日の確認

私はけっして諦めない。私はけっしてがっかりしない。

36

前向きな決断の持つ力

これを知っておこう

前向きな決断は，前向きな結果を生む可能性が高い。前向きな決断をしたら，実行が難しいものであったとしても，前向きな結果を生む可能性を作り上げたことになる。

ジェマルの弟は，自分で書かずに，インターネットからレポートをコピーしたのが見つかってしまった。弟は悪童たちと付き合い始めてもいた。ジェマルは心配して，何が起きているのかと弟に尋ねた。

「自分で書くよりも，ネットからコピーをしたほうがずっと楽だった」と弟は言った。「僕は書くのは苦手だ。あの子たちとは問題を起こしそうだということはわかっているけれど，でも危ないことをするのは面白いし，格好いい」

「レポートをコピーするのは楽かもしれない」とジェマルは言った。「でも，そのために起きたことを考えてみろ。一日，通学停止になって，レポートを書き直さなければならなくなったし，父さんや母さんはお前を外出禁止にした。お前の考えは，最初はうまくいくように見えたかもしれないけれど，結局はその反対だった。かえって後ろ向きの結果を生んでしまった。あの子たちと付き合うことも同じだ。一緒にうろつけば，恰好いいと感じるかもしれないけれど，どんな結果が待っているかな？」

「よくない結果になることは知っているさ」と弟は答えた。「今すぐに何かよいことがで

きるのに，それよりもよいことがこれから起きるのを待っているのは難しい」

「よくわかるよ」とジェマルは言った。「でも，いくつかの小さな問題を抱えるのと，後ろ向きの結果として大きな問題を抱えるのと，どっちがいいんだ？　前向きの決断は前向きの結果を生むし，自分自身も気分がいい。後ろ向きの決断は後ろ向きの結果を生むだけではなくて，自分自身についても最悪な感じになる。お前はそれよりもまともであっていいんだ。人生を悪くではなく，よりよくするような選択について考えてみるんだ」

これを試してみよう

各状況で，考えられる前向きの決断と後ろ向きの決断を書いて，それぞれどのような結果になるか述べてみよう。

ジュリアはチョコレートをたったひとつ買うのだが，その支払いのために，長い列に並ばなければならない。彼女にはあまり時間がない。チョコレートをポケットに入れて，金を払わずに外に出てしまおうと考えている。

考えられる前向きの決断：_____

_____

結果：_____

_____

考えられる後ろ向きの決断：_____

_____

結果： _____

_____

イヴァンはとても人気者だったので，パトリックはイヴァンが自分と話してくれないかと
いつも願っている。ある日，イヴァンはパトリックに試験でカンニングをさせてくれない
かと頼んでくる。

考えられる前向きの決断： _____

_____

結果： _____

_____

考えられる後ろ向きの決断： _____

_____

結果： _____

_____

ソフィーが望む以上に，ボーイフレンドは身体を触ろうとしてくる。もしもそれに応じな
ければ，別れを切り出されるのではないかとソフィーは心配している。

考えられる前向きの決断： _____

_____

結果： _____

_____

考えられる後ろ向きの決断： _____

_____

結果： _____

_____

トニーは，皆から嫌われている生徒の秘密を知ってしまう。これを誰かに教えてあげると，自分が格好いいと思われるのではないかと考える。

考えられる前向きの決断： _____

_____

結果： _____

_____

考えられる後ろ向きの決断： _____

_____

結果： _____

_____

キャシーの叔父は末期疾患のため入院中である。キャシーは家族と一緒に叔父の見舞いに行くことを予定していた。ところが，同じ日にその年の最高のパーティに招待された。

考えられる前向きの決断： _____

_____

結果： _____

_____

考えられる後ろ向きの決断： _____

_____

結果： _____

_____

次にこれを試してみよう

一日に，あなたや他の人々が下した決断を観察し，記録してみよう。それぞれについて，前向きの決断と思うものには「＋」，後ろ向きの決断と思うものには「－」に印を付けて，その理由を述べる。

＋ － 1. _____

_____

その理由：_____

_____

+ **-** 2. _____

_____

その理由：_____

_____

+ **-** 3. _____

_____

その理由：_____

_____

+ **-** 4. _____

_____

その理由：_____

_____

+ **-** 5. _____

_____

その理由：_____

_____

あなたが下した前向きの決断について説明し，その結果を述べてみよう。

_____

_____

_____

この結果はあなたの自尊心にどのような影響を及ぼしただろうか？

_____

_____

_____

あなたが下した後ろ向きの決断について説明し，その結果を述べてみよう。

_____

_____

_____

この結果はあなたの自尊心にどのような影響を及ぼしただろうか？

_____

_____

_____

誰もが前向きの決断を口に出すことができないような世界について想像し，それを書いてみよう。その世界は現実と異なるだろうか，それとも同じだろうか？

_____

_____

_____

今日の確認

前向きの決断を下すと，前向きの結果が生じる。

�37

挑戦に向き合うことの持つ力

これを知っておこう

　ある状況が困難に思えると，それを無視したり，避けようとしたり，そこから逃げ出したいと思うかもしれない。しかし，目の前にある挑戦に立ち向かわなければ，事態はさらに悪くなる。挑戦に向き合うことは，自分自身についてより快く感じ，健康な自尊心を育む手助けとなる。

　エレンは授業に遅刻したため，警告書を渡された。それを自宅に持ち帰り，両親に署名してもらい，金曜日の放課後は1時間学校に居残りとなった。両親がエレンを外出禁止にすることも承知していた。最近，両親は何事についてもエレンに厳しいし，今回の出来事はさらに事態を悪化させてしまうだろう。通学バスに向かって歩いていく途中で，本に挟んでいた警告書が地面に落ちてしまった。エレンはためらった。それをすぐに拾わずに，風に吹かれて飛んでいくのを眺めていた。エレンはニヤリとした。これで問題は終わったと，思った。

　月曜日の朝，エレンの父親に副校長から電話があった。登校しないことについての二度目の警告だった。もう一度繰り返すと，彼女は通学停止処分となる。両親はエレンに2週間の外出禁止を命じた。まず警告書を受け取ったことに1週間，それを両親に報告しなかっ

たことにもう1週間で,「嘘をついて,隠していたこと」が問題だとした。

　エレンは問題を避けることによって,それに対処しようとした。しかし,ひとつの問題を解決する代わりに,彼女はさらに別の問題まで引き起こしてしまった。このように,目の前の問題に向き合わないと,さらに事態を悪化させてしまう。

これを試してみよう

　以下にあげるようなティーンエイジャーたちが目の前にある挑戦に向き合わないために,どのような新たな問題が持ち上がるか述べてみよう。

トレイシーは他の子どもたちと一緒だとひどく神経質になり,授業が始まる前に,女子トイレで吐いてしまった。しかし,母親が彼女のために探してくれたカウンセラーに相談しようとはしなかった。

_____

_____

ボブは自転車を父親の自動車にぶつけて,傷をつけてしまった。泥を塗りつけて,傷を隠そうとした。

_____

_____

アマンダは数学の宿題が理解できなかったので，試験日に数学の授業を休んだ。

_____

_____

ジョーは門限までに帰宅しなかった。両親が怒ると思って，両親を避けて，一晩中帰宅しなかった。

_____

_____

祖母が亡くなり，ミシェルはひどい頭痛がした。医者にかかりたくなかったので，母親には話さなかった。

_____

_____

次にこれを試してみよう

目の前にある挑戦に向き合うのを避けるために，あなたや他の人々がしていることを表しているものに印を付けてみよう。それ以外で，自分が考えたものがあれば，空欄に書きこむ。

食べ過ぎる	酒を飲む	長く眠る	テレビばかり見る
長時間働く	誰かや何かを避ける	嘘をつく	ドラッグを使う
引きこもる	自宅にいる	運動をし過ぎる	活動に熱中する
他人を責める	問題を否認する	長時間コンピュータを使う	
家出する	自傷行為	食事をとらない	

_____

_____

向き合うのが難しいと感じる挑戦について書いてみよう。

_____

_____

前述したリストのような態度をとって，難しい問題を避けたら，何が起きるだろうか？

_____

_____

このようにしたらあなたの自尊心はどのような影響を受けるだろうか？

_____

_____

目の前にある難しい問題に向き合っていたら，何が起きていただろうか？

_____

_____

このようにしたらあなたの自尊心はどのような影響を受けるだろうか？

_____

_____

今日の確認

挑戦と向き合うことは，それを解決する唯一の方法であり，
健康な自尊心を育む手助けとなる。

38

現実的な目標の持つ力

これを知っておこう

現実的な目標を持つと，それを達成する可能性が最大になる。そのためには，短期目標と呼ばれる，より小さな，中間的な段階が必要となる。現実的な短期目標を設定すると，長期的目標を達成する可能性が高まる。

　考えるということが，自分が望むことを手に入れる第一歩である。可能性は無限であり，それを妨げるのは自分自身の心だけであることを学んできた。大きな夢を持ち，それを実現する力があることも承知している。それでも，行動を起こす必要がある。もしも，美容師，親，それとも外科医になりたいのであれば，ベッドに横になって，その夢を見ているだけでは，目標を実現できない。

　目標をあまりにも高く設定するために，目標を達成するのが難しくなることがある。たとえば，人生を逆転させたいと思うかもしれない。今学期は，3つのクラブに加わり，楽器の演奏を習い，アルバイトをして，全Dの成績を全Aにしようとするかもしれない。あるいは，走って，引き締まった身体にしたいと思うかもしれない。2週間後に開催されるマラソン大会に申しこもうと思うかもしれない。

　ほとんどの人にとって，これらの目標のどれも非現実的で，あまりにも多くの身体的・心理的プレッシャーとなってしまうだろう。ほとんどの人が疲れ果てて，早々と止めてし

まうかもしれない。大きな目標を達成するには，それを長期的に達成する目標とみなすと，成功する可能性が高くなる。次に，長期的目標に向けた複数の段階として現実的な短期的目標を定める。たとえば，1つのクラブに加わる，どれか1つの楽器に決める，1つのアルバイトに応募する，宿題や試験準備に多くの時間を使うといった短期的目標は，人生を逆転させるような長期的目標に向けた現実的な段階となる。毎週3回走るという短期的目標は，引き締まった身体を手に入れて，いつの日かマラソンを走るということに向けた現実的な段階となる。

　現実的な，短期的目標や長期的目標をどのようにして定めるかを知っておくと，多くの成功を手にし，より健康な自尊心を抱くようになる手助けとなる。

これを試してみよう

　短期的目標とは，近い将来に達成すべき目標であり（例 明日の試験に合格する），長期的目標とは，より遠い将来に達成すべき目標である（例 大学を卒業する）。短期的目標と長期的目標は，それぞれの人の年齢や状況とも関連する。

以下の文章で，短期的目標としてあなたが最善と思うものに「短」，長期的目標として最善と思うものに「長」に印を付けてみよう。

短　長　スペイン語を流暢に話す　　　　短　長　スペイン語の初級講座に出席する
短　長　ラクロスの試合で技術を学ぶ　　短　長　キャンプのカウンセラーとして働く
短　長　応募書類に記入する　　　　　　短　長　毎日1時間サーフィンをする
短　長　体育の授業に参加する　　　　　短　長　体育の成績を上げる
短　長　サーフィン大会で優勝する　　　短　長　ラクロスチームで最高得点を挙げる

以下に挙げるティーンエイジャーたちの長期目標を達成するために，短期目標を3〜5つ
書いてみよう。

新入生の時に，ベッキーは学校のコーラスでいつかはソロで歌いたいと考えている。

1. _____

2. _____

3. _____

4. _____

5. _____

トレバーは新しい電話がほしいが，それを買う金が必要である。

1. _____

2. _____

3. _____

4. _____

5. _____

コリンは学校の新聞に自分の記事が掲載されたい。

1. _____

2. _____

3. _____

4. _____

5. _____

ダイアナはチャールズとダンスに行きたいのだが，まだ彼に話しかけたことがない。

1. _____

2. _____

3. _____

4. _____

5. _____

次にこれを試してみよう

　それぞれの梯子の一番上に，これから6カ月後に達成したいと思う長期的目標を書いてみよう。梯子段の一つひとつに短期的目標を書く。必要ならば，梯子段をもっと付け足してもよい。

あなたの目標が高すぎて，それを達成できない時に，あなた自身についてどう感じるか書いてみよう。

_____

_____

_____

私の長期的目標　　　　　　　　私の長期的目標

長期間にわたって望んできた目標が達成できたときに，あなた自身についてどう感じるか
書いてみよう。

_____

_____

_____

今日の確認

私は自分の目標を達成するために，現実的に考える。

サポートの力

これを知っておこう

　人間には限界がある。誰もすべてを行うことはできない。この現実があるので，人間は互いに交流し，助け合う。困っている時に救いやサポートを求めることは，目標を達成させたり，健康な自尊心を保つための強力なスキルである。

　レイチェルと母親はひどく意見が食い違った。レイチェルはすっかり打ちひしがれてしまっていた。成績は落ち，引きこもりがちになっていた。誰か家族以外の人に悩みを打ち明ける必要があるので，カウンセラーに相談してほしいと，母親は思った。

　「お金を払って話を聞いてくれるような人に，私は自分の問題を話すつもりはないわ」とレイチェルは言った。「私は大丈夫。そっとしておいて」

　翌週，試合の後に，レイチェルの陸上のコーチが彼女に話しかけて，成績がひどく落ちていることを指摘した。気分がふさいで，どうしたらよいのかわからないと，レイチェルも認めた。必死になって試していることが何もうまくいかないように思えていた。

　「あなたをセラピストに紹介したい」とコーチは言って，名刺を渡した。「キャロリンは私の友人で，熱心に話を聞いてくれます。彼女は以前も陸上チームの他の生徒の相談にのってくれました。キャロリン自身が高校生の時に苦労したことがあって，どれほど辛いかよくわかっています。彼女の面接の予約をとってください。そして，しばらくの間は陸上チー

ムの練習を休みなさい」

　自分の大事なものをなくしかけていると，レイチェルは気づいた。母親にセラピストについて話し，予約をとった。コーチの言った通りだった。キャロリンは親切で，レイチェルが辛い思いをしていることをよく理解してくれた。レイチェルの気分は思春期ではよくあることで，それをどう扱うかの手助けが必要なだけだと，キャロリンは言った。レイチェルには思いもよらなかったような対処法について，キャロリンには考えがあった。最初は躊躇していたが，問題を話して，客観的な意見を聞くことができて，気分がよくなったと，レイチェルはキャロリンに告げた。

　「それも自然なことです」とキャロリンが言った。「自力ですべて解決できなくて，ためらったり，恥ずかしく感じることがあります。しかし，人間は互いに助け合うように創られているのです。そうでなければ誰もが自力で自動車を整備して，虫歯を治して，自分のスポーツチームのコーチができなければならなくなってしまいます。人間が自力ですべてができるならば，消防士，弁護士，マニキュア師，建設作業員は要りません。すべての人が完全に自力で生活できたら，互いに交流することなどなくなってしまうでしょう」

　「必要な時にはサポートを頼むというのは，力と知恵の印です。それは，問題から逃げ出すのではなく，問題に立ち向かうのに十分な力があることを意味しています」

これを試してみよう

　たとえ頼んでみたところで，誰も自分を助けてはくれないだろうと感じることもあるかもしれない。多くの人を知っていても，真の友人がいるとは信じられないかもしれない。ひとりぼっちで，ひどく孤独に感じることもあるだろう。しかし，一般には，少なくとも誰かひとりは自分のことを信じてくれる人がいて，助けを求めれば，喜んで助けの手を差し伸べてくれる。

あなたのことを心配している1人の名前を書いてみよう。

_____

あなたのことを信じているか，あるいは，助けが必要な時に頼りにできる他の誰かについ
ても考えみよう。誰かがあなたを貶めたとしても，誰があなたのために立ち上がってくれ
るだろうか？　もしもあなたが傷ついた時に，誰が進んで助けてくれようとするだろうか？
それぞれの場合に，あなたの人生で，他の実際に助けてくれる可能性のある人の名を書い
てみよう。

　　　自宅にいる家族

　　_____

　　_____

　　　自宅外で生活している家族

　　_____

　　_____

　　　友人

　　_____

　　_____

近所の人

_____

_____

カウンセラー

_____

_____

コーチ

_____

_____

教師

_____

_____

聖職者

_____

_____

ペット

_____

_____

その他

_____

_____

ピラミッドの頂点にあなたの名前を書く。その下の空欄に，あなたをサポートしてくれそうな人の名を書いていく。すでにリストにした人々もこの図に含めていく。

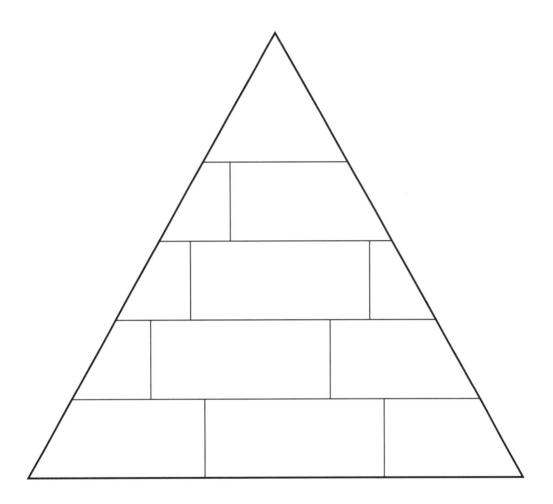

次にこれを試してみよう

あなたのことを心配している人に助けを求める手紙を書いてみよう。実際に投函する必要はないので，心に浮かんだことを何でも書いてみよう。

_____ 様へ

_____

_____

_____

_____

_____

_____

_____

署名 _____

もしも助けを求めたら，この人はあなたをどのように助けてくれるだろうか？　その人は
何をして，何を言って，助けてくれるだろうか？

助けを求めると，どのような気持ちになるか述べてみよう。

今日の確認

助けを求めることは，知恵と健康な対処の行為である。

人間を超えた力

これを知っておこう

　多くの人々は人間よりもはるかに大きな力を信じている。人間は宇宙を創造したわけでもなければ，それを支配しているわけでもない。もしもあなたが自分よりも偉大な力を信じているならば，人生の挑戦に立ち向かうのに役立つ力を引き出すことができる。

　人間は驚異的な創造物である。思考と創造の能力を用いて，翼を持たずに飛ぶ方法を発見して世界を変え，空間に声や画像を飛ばしてコミュニケーションを取り，環境は冷たくて暗いのに，家に熱と光を持ちこみ，骨置換や臓器移植で身体の状態を修復し，月面に降り立つ。

　人間は国を治め，国民を教育し，水面下を旅行し，高層ビルを建て，コンピュータのプログラムを作る。病気の治療法を発見し，服を洗ったり，パンを切ったり，脳の画像を撮影したりする機械を発明する。美術，文学，音楽を通じて，天分を表現する。

　しかし，驚くべき技能，才能，達成はあるものの，人間は惑星を軌道に乗せることもできなければ，2万種以上の魚類や90万種以上の昆虫を創造することもできない。人間は，湖や海から水を蒸発させて，陸に雨を降らせて生命を維持するようなシステムを設計できていない。2つの微小な細胞を合体させて，子宮の中で9カ月の間に新たな人間として育て

るような方法も創りあげていない。

　人間よりも大きな何かが宇宙には存在していて，この世の複雑で多様な奇跡を生み出し，それを維持していることが理解できれば，人間とこのより偉大な力との関係を理解し，一生にわたる手助けとなる。

これを試してみよう

以下の単語の中から，自分よりも大きな力があると理解しているものに印を付けてみよう。

生きる力	自然	神	平和	魂
愛	神性	神聖	希望	意味
信仰	エネルギー	永遠	感謝	奇跡
知恵	目的	心臓	天国	祈り
自然法則	流れ	喜び	天国	無限

以下の文章の中から，あなたの信念に近いものを選んで印を付けてみよう。

☐ すべてのことには理由がある。

☐ 私は愛されている。

☐ 私の人生には計画がある。

☐ 私は大きな力を信じている。

☐ すべてのことが最善をもたらすように働く。

☐ 私よりもはるかに偉大な力が存在する。

☐ 祈りと思考が変化をもたらす。

☐ 私は大きな力に導かれている。

☐ 私は人生の聖なる流れの一部である。

☐ 神は無駄なものを創らないのだから，私も価値のある宇宙の一部分である。

あなたが信じていることを表す文章を以下にさらに書いてみよう。

_____

_____

_____

自分よりも偉大な力についての確信を表わすような，シンボル，あるいは線，色，形を用いて描いてみよう。

次にこれを試してみよう

もしも宇宙の流れがより大きな力によって支えられているとするならば，あなたが自分自身を受け入れて，その動きとどのように沿うことができるか書いてみよう。自己嫌悪や自己に対して厳格すぎるために，どれほどその流れに沿うことができないだろうか？

_____

_____

_____

あなたに健康な自尊心があるとして，それが宇宙の他の部分にどのように前向きに，あるいは後ろ向きに関係しているのか書いてみよう。

_____

_____

_____

より大きな力を信じていることが以下のような状況であなたにとってどのような助けとなるか書いてみよう。

あなたとのデートの約束をキャンセルして，恋人が他の人と出かけたことを，あなたは知る。

_____

_____

_____

あなたは自分の身体が好きではない。

_____
_____
_____

あなたは発表の時にどもってしまう。

_____
_____
_____

あなたは就職の応募書類を5通提出したが，どこからも返事がない。

_____
_____
_____

しばしば心の平穏を感じられる，次の祈りの言葉を読んでみよう。

　　変えることのできないものを受けいれる冷静さを与えたまえ，

　　変えることのできるものを変える勇気を与えたまえ，

　　そして，その両者を識別する知恵を与えたまえ

もしもこの祈りの言葉があなたにぴったりだと感じたら，穏やかな心を見出すために使ってみよう。この言葉があまり効果的でなければ，あなた自身にとってのより大きな力がもたらす平穏と自分を結びつけるのに役立つような単語を用いて，自分自身の祈りや希望を書いてみよう。

今日の確認

より大きな力が私を助け，サポートしてくれる。

訳者あとがき

　本書は，Lisa M. Schab 著『The Self-esteem Workbook for Teens』(New Harbinger, 2013) の全訳である。

　著者は，カウンセリング，教育，講演などを積極的に行っているアメリカ人のソーシャルワーカーである。本書はティーンエイジャーに向けて，いかに自尊心を育むかを段階的に，簡潔にまとめられている。けっして難解な理論の解説はないのだが，本書の理論的枠組みは，認知行動療法であると思われる。思考，感情，行動が互いに密接に結びついているのだが，まず，その関係について個人に独特のパターンを探り当てていこうとする。

　低い自尊心に陥っている，適応力の低いパターンをとらえた後に，新たな選択肢の可能性を探っていく。健康な自尊心は，本来の自分が求める人生の基礎であるべきだと，著者は主張する。

　本書の構成は，各章で統一されている。各章の冒頭に『これを知っておこう』があり，章で取り上げる内容が短くまとめられている。その後，詳しい解説や具体的な事例や続く。『これを試してみよう』はさまざまな形の練習である。読者は指示に従って，文章を書いたり，時には絵を描いたりしながら，自尊心の向上に役立つ練習を具体的に進めていく。さらに，『次にこれを試してみよう』はもう一歩進んだ練習へとつながる。そして，最後に『今日の確認』がある。ここでは短い文章で，その章の内容がまとめられている。これは章のまとめであるとともに，ここに書かれている文章を何度もつぶやくことで，自分に言い聞かせて，自尊心

を育む助けとするためのおまじないの言葉として使うこともできる。

　本書は自尊心の低さに悩むティーンエイジャー自身に向けられているが，青少年の問題とともに向きあっている精神科医，臨床心理士，ソーシャルワーカー，カウンセラー，教師にとって大いに参考になると思われる。また青少年を対象として心理療法を行っている人が，クライアントに課題を出す際に，本書を参考にすることもできるだろう。きわめて簡潔かつ明快なワークブックであり，実際の臨床場面や学校ですぐ活用できる。

　最後になったが，本書の翻訳を提案してくださった金剛出版代表取締役の立石正信氏に深謝する。立石氏は訳者にとって最初の著書である『自殺の危険：臨床的評価と危機介入』（金剛出版，1992年）を世に送り出してくださり，それ以来，多くの激励をいただいてきた。氏の提案がなければ，そもそも本書が世に出ることはなかっただろう。

　　2017年7月

　　　　　　　　　　　　　　　　　　　　　　　　　　高橋祥友

著者略歴

リサ・M・シャーブ(Lisa M. Schab,), LCSW

有資格の臨床ソーシャルワーカーであり，シカゴでカウンセリングを行うとともに，一般の人々に向けた自助ワークショップや専門家の訓練セミナーで指導を行ってきた。『The Anxiety Workbook for Teens』や『Beyond the Blues』など，小児，ティーンエイジャー，成人を対象として，14冊の自助書やワークブックを出版してきた。全米ソーシャルワーカー協会（NASW）と神経性無食欲症および関連障害全米学会（ANAD）の会員でもある。

訳者略歴

高橋祥友……たかはし よしとも

1979年，金沢大学医学部卒業。東京医科歯科大学，山梨医科大学，UCLA，東京都精神医学総合研究所，防衛医科大学校を経て，2012年より筑波大学医学医療系災害・地域精神医学教授。医学博士，精神科医。

著書──『自殺の危険：臨床的評価と危機介入』『青少年のための自殺予防マニュアル』（金剛出版），『医療者が知っておきたい自殺のリスクマネジメント』『自殺のポストベンション；遺された人々への心のケア』（医学書院），『自殺予防』（岩波新書）他。

訳書──シュナイドマン，E.S.『シュナイドマンの自殺学』『生と死のコモンセンスブック：シュナイドマン90歳の回想』，ボナーノ，G.A.『リジリエンス：喪失と悲嘆についての新たな視点』，トーマス，M.E.『ソシオパスの告白』（金剛出版），ブレント，D.A.ら『思春期・青年期のうつ病治療と自殺予防』，モリソン，J.『精神科初回面接』『モリソン先生の精神科診断講座』（医学書院）他

青少年のための自尊心ワークブック
自信を高めて自分の目標を達成する

2017年9月20日　印刷
2017年9月30日　発行

著　者───リサ・M・シャープ
訳　者───高橋祥友

発行者───立石正信
発行所───株式会社 金剛出版
　　　　　〒112-0005 東京都文京区水道1-5-16　電話 03-3815-6661　振替 00120-6-34848

装丁◉臼井新太郎　装画◉小林ラン　印刷・製本◉総研

©2017 Printed in Japan　ISBN978-4-7724-1579-8 C3011

自尊心を育てる ワークブック

THE SELF-ESTEEM WORKBOOK

グレン・R・シラルディ＝著
高山 巖＝監訳

自尊心を育てる
ワークブック

グレン・R・シラルディ＝著　高山 巖＝監訳

THE SELF-ESTEEM
WORKBOOK

行動科学にもとづいた
実践的なプログラム

"感情は思考から生まれる"

●B5判　●並製　●230頁　●本体 3,000円＋税